陈斐 主编

史学纂要

蒋祖怡 编著

刘晓满 整理

华夏出版社

HUAXIA PUBLISHING HOUSE

图书在版编目（CIP）数据

史学纂要 / 蒋祖怡编著；刘晓满整理 . — 北京 ：华夏出版社有限公司，2025. --（国学通识）. - ISBN 978-7-5222-0791-9

Ⅰ. K092

中国国家版本馆 CIP 数据核字第 20246XL443 号

史学纂要

编 著 者	蒋祖怡	
整 理 者	刘晓满	
责任编辑	董秀娟	
责任印制	周　然	

出版发行	华夏出版社有限公司	
经　　销	新华书店	
印　　装	三河市万龙印装有限公司	
版　　次	2025年1月北京第1版	
	2025年1月北京第1次印刷	
开　　本	880×1230　1/32	
印　　张	8.75	
字　　数	205千字	
定　　价	59.00元	

华夏出版社有限公司　地址：北京市东直门外香河园北里4号　　邮编：100028
网址：www.hxph.com.cn　　电话：(010) 64663331（转）

若发现本版图书有印装质量问题，请与我社营销中心联系调换。

总序。

　　近期，人工智能和自动化技术迅猛发展，ChatGPT（聊天机器人）横空出世，除了能与人对话交流外，甚至能完成回复邮件、撰写论文、进行翻译、编写代码、根据文案生成视频或图片等任务。这对人类社会的震撼，无异于引爆了一颗"精神核弹"：人们在享受和憧憬更加便捷生活的同时，也产生了失业的恐慌和被替代的虚无感，好像人能做的机器都能做，而且做得更好、更高效，那么，人还怎么生存，活着还有什么意义？

　　这种感觉并非无源之水、无本之木，而是有着深久的教育、社会根源。长期以来，我们的教育过于专业化、物质化、功利化，在知识传授、技能培训上拼命"鸡娃"，社会也以科技进步、经济发展为主要导向，这导致了人们对"人"的认知和实践都是"单向度"的。现在，"单向度"的人极力训练、竞争的技能，机器都能高效完成，他们怎能不恐慌、失落呢？人是要继续"奋斗"，把自己训练得和机器一样，还是要另辟蹊径，探索和高扬"人之所以为人"的独特品质与价值，成了摆在所有人面前的紧迫问题。

答案显然是后者。目前社会上出现的"躺平"心态，积极地看，正蕴含着从"奋斗""竞争"氛围中夺回自我、让人更像人而不异化为机器的挣扎。"素质／通识教育""科学发展观"等理念的提出，也是为了纠偏补弊，倡导人除了要习得谋生的知识、技能外，还要培养博雅的眼光、融通的识见，陶冶完美的人格、高尚的情操；衡量社会发展也不能只论 GDP（国内生产总值），而要看综合指数。

这么来看，以国学为核心的中华优秀传统文化，就大有用武之地。孔子早就说过，"君子不器"，"为政以德"（《论语·为政》）。庄子也提醒，"有机事者必有机心。机心存于胸中，则纯白不备"，"神生不定"，"道之所不载也"（《庄子·天地》）。慧能亦曾这样开示："心迷《法华》转，心悟转《法华》。"（《坛经·机缘》）这些经过数千年积累、淘洗的箴言智慧，可以启发我们在一个日益由机器安排的世界中发展"人之所以为人"的独特品质，从而更好地安身立命、经国济世。可见，国学不是过时的、只有少数学者才需要研究的"高文大册"，而是常读常新、人人都应了解的"通识"。

这套"国学通识"系列丛书，即致力于向公众普及国学最基本的思想观念、知识架构、人文精神和美学气韵等，大多由功底深博的名家泰斗撰写，但又论述精到、篇幅短小、表达深入浅出，有些还趣味盎然、才情四射。一些撰写较早的著作，我们约请当代青年领军学者做了整理、导读或注释、解析，以便读者阅读。

我们的宗旨是弘扬并激活国学，让优秀传统文化滋养智能时代中国人的心灵，同时也期望读者带着崭新的生命体验和问题意识熔古铸今，传承且发展国学。在这个过程中，相信人人都能获得更加全面、自由、和谐的发展，社会也会变得更加繁荣、公正、幸福！

陈斐

癸卯端午于京华

《国学汇纂》新版序 ○

　　《国学汇纂》十种，是先祖父蒋伯潜和先父蒋祖怡合作撰写的，在1943—1947年由上海正中书局陆续出版。

　　《国学汇纂编辑例言》的第一条，说明了编撰这套《汇纂》的缘由：

> 　　我国学术文艺，浩如烟海。博稽泛览，或苦其烦；东捃西扯，复病其杂。本书汇纂大要，别为十种，供专科以上学子及一般程度相当者，阅读参考之资。庶于国学各得其门，名曰《国学汇纂》。

　　在《例言》中，这十种书的顺序是：《文章学纂要》《文体论纂要》《文字学纂要》《校雠目录学纂要》《诗歌文学纂要》《小说纂要》《史学纂要》《诸子学纂要》《理学纂要》《经学纂要》。出版时也把这十种书按顺序排列，称为《国学汇纂》之一到《国学汇纂》之十。

　　这十种书中的《文章学纂要》《文体论纂要》《文字学纂要》

《校雠目录学纂要》《诗歌文学纂要》《小说纂要》属于语言文学范畴，《史学纂要》属于史学范畴，《经学纂要》《诸子学纂要》《理学纂要》属于哲学范畴。也就是说，这十种书，涉及了中国传统的文、史、哲的基本方面，是国学的基本知识。

总起来说，这十种书有三方面的内容：

（一）介绍基本知识。这十种书，每一种都是一个单独的学科领域，涉及的范围非常广，有关的知识非常多。为了适合读者的需要，作者对有关知识加以选择、概括、组织，把一些最基本的知识以很清晰的面貌呈现在读者面前，使读者既不苦其烦，也不病其杂。

（二）阐述作者观点。这些学术领域都有不同学术观点的争论，或者有不同的学派。面对这些不同观点，初学者可能感到无所适从。作者对这些问题介绍了不同观点，并阐述了自己的看法。这有助于读者了解这些学科历史发展的过程，也有助于读者从不同的侧面来看待和掌握这些基本知识。

（三）指点学习门径。这十种书都是入门之学。读者入了门以后，如何进一步学习？这十种书常常在介绍基本知识和阐述作者观点的同时，给读者指点进一步学习的门径。如提供一些参考资料，告诉读者进一步学习该从何入手，需注意什么问题等。

这些对于初学者都是十分有用的。所以，《国学汇纂》出版后很受欢迎。著名学者四川大学教授赵振铎曾对我说：你祖父和父亲的那两套书（指《国学汇纂》十册和《国文自学辅导丛书》十二册），我们当时在中学里都是很爱读的。我很感谢赵先生告诉我这个信息。

《国学汇纂》不仅在上个世纪的四十年代末出版后受欢迎，在以后也一直受到欢迎。1990年，北京大学出版社重印了《校雠目录学纂要》。1995年，我在台北看到的《文字学纂要》已经是第二十九次印刷。2014年《小说纂要》收入《民国中国小说史著集成》第九卷，由南开大学出版社出版。首都经济贸易大学出版社的领导和编辑蓝士斌先生很有眼光，看到了《国学汇纂》的价值，在2012年重印了《文字学纂要》，2017年重印了《诸子学纂要》，2018年重印了《文章学纂要》。这些都说明这套书并没有过时。

但《国学汇纂》一直没有完整的再版，这是一件憾事。很感谢主编陈斐先生和华夏出版社有限公司，决定把《国学汇纂》作为《国学通识》的第一辑出版。他们约请相关领域的青年学者对《国学汇纂》的每一种都细加校勘，而且撰写了"导读"。"导读"为读者指出了此书的特色和重点，以及阅读时应注意的问题。这就给这套七十年前出版的《国学汇纂》赋予了新的时代气息。

在此，我对陈斐主编、各位整理并写"导读"的专家和华夏出版社有限公司表示深切的感谢！我相信，广大读者一定会欢迎这套新版的《国学汇纂》。

蒋绍愚

2022年5月于北京大学

《国学汇纂》编辑例言 ○

一、我国学术文艺，浩如烟海。博稽泛览，或苦其烦；东拮西扯，复病其杂。本书汇纂大要，别为十种，供专科以上学子及一般程度相当者，阅读参考之资，庶于国学各得其门，名曰国学汇纂。

二、文章所以代口舌，达心意，为人人生活所必需，而字句之推敲，章篇之组织，意境之描摹，胥有赖于文法之活用，修辞之技巧；至于骈散之源流，语文之沟通，亦为学文章者所应谙悉。述《文章学纂要》。文体分类，古今论者，聚讼纷纭，而各体之特征、源流、作法，更与习作有关，爰折中群言，阐明体类，附论风格，力求具体。述《文体论纂要》。

三、研读古籍之基本工夫，在文字、目录、校雠之学。我国研究文字学者，声韵形义，歧为两途；金石篆隶，各成系统；晚近龟甲之文，简字拼音之说，益形繁杂；理而董之，殊为今日当务之急。而古籍文字讹夺，简编错乱，书本真伪，学术部居，校勘整理，尤当知其大要。述《文字学纂要》及《校雠目录学纂要》。

四、我国古来文艺以诗歌、小说为二大主流，戏剧则曲词煦育于诗歌，剧情脱胎于小说。而诗歌之演变，咸与音乐有关，其间盛衰递嬗，可得而言。至于小说，昔人多不屑置论，晚近国外文学输入，始大昌明。而话剧亦骎骎夺旧剧之席。述《诗歌文学纂要》及《小说纂要》。

五、我国史书，发达最早，庞杂最甚，而史学成立，则远在中世以后，且文史界限，迄未厘然；至于诸史体制，史学源流，亦罕有理董群书，抽绎成编者。是宜以新史学之理论，重新估定我国之旧史学。述《史学纂要》。

六、我国学术思想，以先秦诸子为最发展，论者比之希腊，有过之无不及也。秦汉以后，儒术定于一尊，虽老庄玄言复昌于魏晋，而自六朝以至五代，思想学术，俱无足称。宋明理学大盛，庶可追迹先秦，放一异彩。述《诸子学纂要》及《理学纂要》。

七、六经为我国学术总会。西汉诸儒承秦火之后，兴灭继绝，守先待后，功不可没。洎其末世，今古始分。东汉之初，争论颇剧。及今古混一，而经学遂衰。下逮清初，始得复兴。乾嘉之学，几轶两汉。清末今文崛起，于我国学术思想之剧变，关系亦颇切焉。述《经学纂要》。

八、军兴以来，倏已四载，典籍横舍，多被摧残，得书不易，读书亦不易。所幸海内尚存干净土，莘莘学子，未辍弦歌。编者局处海隅，自惭孤陋，纵欲贡其一得之愚，罣误纰谬，自知难免，至希贤达，予以匡正！

目录。

导读。

　　20 世纪 20 年代，随着史学研究的专门化、深入化和史学学科及课程体系的完善、本土化，且在"整理国故"思潮的刺激下，中国史学史越来越受到重视。先有朱希祖、李大钊在北大历史系分别开设"史学史"和"史学思想史"课程①，接着梁启超在南开大学讲授"中国文化史纲"，其讲义《中国历史研究法》第二章《过去之中国史学界》简要梳理了"二千年来史学经过之大凡"②，被视为"近代最早的比较系统的中国史学简史"③。数年后的 1926 年 10 月至 1927 年 5 月，梁启超又在清华学校演讲"中国文化史"，其讲义《中国历史研究法补编》分论三《文物的专史》"在中国史学上率先提出'史学史'是文化专史中的学术思想史之一个分支的观念，就怎样研究和撰写'中国史学史'的问题，发表了具

　　① 参见朱元曙、朱乐川《朱希祖先生年谱长编》，中华书局 2013 年版，第 113—116 页；周文玖《论中国史学史学科的产生》，《史学月刊》2002 年第 8 期。
　　② 梁启超：《中国历史研究法》，汤志钧、汤仁泽编：《梁启超全集》第 11 集，中国人民大学出版社 2018 年版，第 279 页。
　　③ 俞旦初：《梁启超论中国史学史的基本理论和方法》，《史学史资料》1980 年第 4 期。

体的、创造性的见解"①，他认为："中国史学史，最少应对于下列各部分特别注意：一，史官；二，史家；三，史学的成立及发展；四，最近史学的趋势。"②从此，中国史学史成为一门独立的专史，不断发展壮大起来。

20世纪"三四十年代，是中国史学史研究的草创时期"③。这一时期，不仅相关课程在高等学校史学系较为普遍地开设，而且专题研究或综论性质的论文也纷纷发表④，一些学者还出版了比较系统的讲义或专书，如魏应麒的《中国史学史》（重庆商务印书馆1941年版）、王玉璋的《中国史学史概论》（重庆商务印书馆1942年版）、金毓黻的《中国史学史》（重庆商务印书馆1944年版）、傅振伦的《中国史学概要》（重庆史学书局1944年版）、顾颉刚的《当代中国史学》（南京胜利出版公司1947年版）、方壮猷的《中国史学概要》（上海中国文化服务社1947年版）等。这些成果的问世，标志着中国史学史已初步成为一个学科。蒋祖怡

----

① 瞿林东：《中国史学史研究八十年》，瞿林东主编：《史学理论与史学史学刊》2006年卷，社会科学文献出版社2006年版。

② 梁启超：《中国历史研究法补编》，汤志钧、汤仁泽编：《梁启超全集》第14集，中国人民大学出版社2018年版，第179页。

③ 瞿林东：《中国史学史研究八十年》，瞿林东主编：《史学理论与史学史学刊》2006年卷，社会科学文献出版社2006年版。

④ 有学者统计，仅"从1940年到1949年，有关中国史学史的论文达220多篇，从先秦史学到民国时期的史学，均有研究文章问世，内容涉及史官、史家、史馆制度、史学著作、史书体例、史学评论等等"（周文玖：《中国史学史学科的产生和发展》，北京师范大学出版社2002年版，第95页）。

的《史学纂要》，即是 40 年代出版的精要的中国史学史专书之一。

蒋祖怡（1913—1992），浙江富阳人。著名学者、语文教育家蒋伯潜之子。1937 年毕业于无锡国学专修学校，历任国文教员，上海世界书局编辑、编审，上海正中书局编审。1946 年任上海市立师范专科学校中文系副教授。1947 年转入浙江大学文学院中文系任教。1949 年后，历任浙江师范学院、杭州大学中文系教授，兼任浙江省作协副主席等。主要从事文艺理论和中国文学批评史的研究，著有《文心雕龙论丛》《诗品笺证》等。

《史学纂要》由正中书局 1944 年 7 月在重庆初版，为《国学汇纂丛书》十种之八。《国学汇纂编辑例言》云："一、我国学术文艺浩如烟海，博稽泛览，或苦其烦，东捞西扯，复病其杂。本书汇纂大要，别为十种，供专科以上学子及一般程度相当者阅读参考之资，庶于国学各得其门，名曰'国学汇纂'。""五、我国史书发达最早，庞杂最甚，而史学成立，则远在中世以后；且文史界限，迄未厘然；至于诸史体制、史学源流，亦罕有理董群书抽绎成编者。是宜以新史学之理论，重新估定我国之旧史学。述《史学纂要》。"[1] 可见，《史学纂要》一书，是作为专科国学教材之一而编纂的，这决定了其书名虽称"史学"，但实际内容却比较狭窄，仅为中国史学史。

---

[1]《国学汇纂编辑例言》，蒋祖怡：《文章学纂要》卷首，重庆正中书局 1946 年版。

全书共分"绪论""史书""史学""余论"四编。第一编"绪论"首先论述了"史"之意义及范围。蒋先生指出,"史"字的本意,"是古代一种工作者的符号,沿用为官名"。接着,他扼要介绍了我国史官设置的历史,然后详细论析了古代史书所反映的历史观,即哲学的、道德的、宗教的、文学的、伟人的、经济的、地理的历史观,以及社会的、政治的、科学的历史观。他"依作者的立场来论列他们作史态度的得失",并探究其论史的标准。比如,论述宗教的历史观时指出,"我国史书中常插入多量神明的事迹"以及"封禅、祥符之说",这是因为,"我国社会中一向充满着神的神秘","'天命'之说,到现代还盛行于民间",所以,作史者将其视为异珍载入史书,而"评史者又往往以果报为论史的根据"。

在评论前人历史观得失的基础上,蒋先生也接过章学诚的话头,阐明了自己对"史书"和"史学"的看法。他认为,记载历史的书叫作"史书",研究历史的学问叫作"史学"。每个史学者的史学观即表现在其著作里,"故史学之研究,不能不以史书为对象,而史书又是史学研究的材料,两者之间,有不可分离的关系。不过,如果以一切史书均是史学的渊薮,或者以为凡史学家必有史的著作,那是不甚妥当的判断"。在今日,历史学应该摒弃文学的、哲学的、宗教的等旧的历史观念,成为一种专门的学问:"它是理知的事业,在不断变进之中,以说明人类进化之情形为任务;

同时以理想的方法考求事物的如何至此，与何以至此，以为人生及他种学问之致用，而一切务求其'真'，不单是记忆的记载，而是理性人生的说明。在可能中找出人事中的公例来，这是历史学者当前的任务。"这显然是一种受梁启超等人影响的"新史学"观念①，与作者在《国学汇纂编辑例言》中设定的"以新史学之理论，重新估定我国之旧史学"的撰著纲领吻合。此等理路，是民国时期中国史学史研究的主流做法，而与柳诒徵《国史要义》（上海中华书局1948年版）等"本经论史"、对中国传统史学更具"了解之同情"的理路形成对话②。

第二编"史书"论述我国古代史书，蒋先生将其按编撰体例分为纪传史、编年史、纪事本末史，又按内容分为国别史、专史、杂史，各设专章介绍其体例源流、要籍成书经过、作者和内容等，并评析得失优劣。蒋先生在征引、参考《旧唐书·经籍志》《四库全书总目提要》《简明目录》及刘知幾《史通》等的基础上，进行裁断，其论析颇为扼要平妥。他视野开阔，不仅介绍常见名著，有时还会涉及稀见要籍，如论编年史，就提到《四库全书总目提要》未收的《编年通载》等书。而且，他很注意古今融通。

---

①　梁启超《新史学》第二章《史学之界说》："历史者，叙述人群进化之现象，而求得其公理公例者也……是故善为史者，必研究人群进化之现象，而求其公理公例之所在。"（汤志钧、汤仁泽编：《梁启超全集》第2集，中国人民大学出版社2018年版，第504页）

②　参见陈斐《柳诒徵史学的"旧"与"新"——〈史学概论讲义〉叙论》，《上海书评》2024年1月22日。

如论专史，由《四库全书总目提要》史部子目的"诏令奏议""传记""地理"等类，谈到近世的"哲学史""政治史""文学史"诸名目以及商务印书馆新出的"中国文化史"丛书，认为都是专史，并基于新的眼光，将专史分为记政仪与朝典、记时令与风俗、记地理、记人、记学术等类。此编最后一章《史书之体例及文章》，主要探讨纪传史（本纪、世家、列传、志书、谱表等）、编年史、纪事本末史的体例及其源流，如谓纪事本末史"先以大事作纲目，其次再依时代的次序来记载事实"。蒋先生认为，这三种体例互有关系，"纪传之中亦必有年月，编年之中亦必有纪传，纪事本末则并两者而用之"；"均是作史者所必用的方法"，不过以其最大标目区别而已。他还指出，"史书之体裁，以所记时代而分，则有通史与断代史之别"，并引《史通》评骘史书之文风。

第三编"史学"，先述史学略史，梳理脉络，提要勾玄，对史学发展史上的重要或关键人物、要籍、流派等都有介绍，且评论长短得失，颇中肯綮。首先值得注意的是，蒋先生对诸种体例、类型、观念、学风的发轫之作或首义人物颇为重视，能精要阐发其宗旨、地位、贡献、影响等。如他指出，现存之编年史，以《春秋》为最古，其劝善罚恶的道德史观、机祥之说、以记政治帝王为主的伟人史观等，在后代影响很大。《国语》为国别史的鼻祖。"司马迁以前，无史学之目""光大史学之功劳，当由于司马迁""其影响于后代者至深且臣，二十四史之体例，几全不能逾越《史记》的范围，可谓前无古人、后无来者了"。"断代史始于班固之《汉书》"，"自汉以后，纪传之体大行；编年亦循纪传之例，断代为书。自宋司马光作《资治通鉴》，而有伟大的编年之通史"。"评史之作，《左传》《史记》已发其端……但评史之巨著，则始于唐代刘知幾的《史通》。""清代末年，我国史学界起了重大的变化，它承受了浙东史学与吴皖经学的遗产，又因清代政治的腐败，而影响于史学上研究的标的。其中代表人物是今文派的领袖康有为。""他不仅消极地否定了上古的史实，而且凭着《公羊》三世、《礼运》'大同''小康'之说来论断中国的史是进化的，由扰乱而进为大同。"梁启超以前，"所谓史学者，均脱不了经学的羁绊，原是因研究经学而及于史学的"。"但自梁启超以后，史学与经学分了家，而成为一种专门独立的学问。""近年来史学的新途径，也由于他的启示。"梁氏是康有为的学生，"他的接受今文学诸说，又糅合了进化论，于是策动了中国史学上的转变"。

其次，蒋先生对某一时期史学贡献的概括、流派的分梳，以及不同时期史学转型的描述，颇为精当。比如，他指出，清代史学，除了"卓荦千古的人"章学诚之外，毫无生气，这完全是由于政治上的文字狱。"章氏之外，清代对于史学的贡献，可以分为两大类：一是特例的创制；一是关于史学之类书的编制。所谓特例之叙述，乃是取史学中的一小项目而成专书"，著名者如顾祖禹的《读史方舆纪要》、黄宗羲的《明儒学案》等。而所谓类书的编制，一为表、志之补续，二为史文的考证，三为方志的重修，四为年谱之流行，五为外史之研究。再如，蒋先生指出，"自从梁启超氏将史学摆脱了经学的羁绊以后，我国的史学有特殊的转变，而且更蓬勃发扬起来"。他把近代史学分为"疑古""释古"和"考古"三派，分别列举代表人物及著作，阐述理念，品评得失。"疑古派"他以胡适、钱玄同、顾颉刚为代表，既指出其在审定史料上的卓见，也指出"免不了有若干主观的成见掺杂在里面"。"疑古派的意见发表以后，曾引起多方的质难。于是有'考古派'出来修正他们的意见。这一派的代表作者，初有王国维。"王氏史学，以《尚书》《世本》等纸上材料与甲骨文、金文等地下材料相结合的"二重证据法"闻名。"他研究古史的结果，打破了夏、商、周三代王统、道统之传统观念。"王氏之外，"释古派"学者有胡汉民、郭沫若等，此派内部纷争厉害，其"目的在乎把握全史的动态而深究其基因，但其弊偏于社会学的一般性，而忽略历史学的特殊性，结果流于武断"。"考古派"代表学者有李济，他把"地下的史料由甲骨而扩大到铜器、陶器及其他，由'甲骨'的名称扩大到'小屯文化''白陶文化'的研究"。此派"态度的审慎与不肯轻易乱下判断的精神，是疑古派所不能及的"，值得仿效。三派之外，蒋先生还介绍了抗战后兴起的"民族史学"："'尊王攘夷'之说，又复盛于今日。史学的目的除了求真之外，又有争取民族解放的信念。"

概述完史学发展史后，蒋先生又设专章评介"史学名著"刘知幾的《史通》和章学诚的《文史通义》，对其撰著背景、动机、篇目、内容、重要史学思想及影响等都做了述评，时发洞见。比如，他指出，"《史通》有《五行志杂驳》一篇，专斥五行之不足凭征。这是刘氏史学见解的一大特点。同时他又以为史当除天文、艺文而增都邑志、氏族志、方物志三项，也是发前人之所不敢发的议论"；刘知幾以为"传后附论赞，始于《史记》，'及后来赞语之作，多录纪传之言，其有所异，唯加文饰而已'。这种论赞，其实可以不需要……唐代以下之史均无赞，恐怕是受他议论的影响的"；"刘氏生当唐代，正承六朝骈俪盛行之时，作史之人皆重于文字，同时尤重骈语。以此种文体作史，刘氏颇不以为然"，"他论史之文章，提出一个'简'字"，其论史文"繁简的着眼点，并非计算文字的多少，以少者为优；乃是就此事实而论，作者是否能以最少量的文字来表最详明的事实"。

此编最后，蒋先生谈论了史料问题。他指出，"'史学'为研究历史的学问，'史料'乃是供给研究历史者的材料"。史学非有真凭实据不可，"不能妄自臆断。这真实的证据，便是'史料'"。在他看来，"史料实是研究史学者所必须取资的材料"。而蒋先生所谓"史料"，已受"新史学"之熏沐，范围大大拓展。他将史料分为纸上的和纸上以外的两类，认为前者包括旧史及经、子、集部诸书以及档案、私人选辑之史料、方志、信件、日记、禁书、外国人之著述等关于史迹之文字，后者主要包括传说、竹简木牍书、卷轴、石刻、古器、甲骨六类，并评述了各自的概况、价值、长短等。比如，他指出，"日记其亲身经历之日记，亦有足为史料者。如华桐流衲的《甲行日注》，足以见到明末清初一班智识者的苦闷与苦楚"；"名人子孙多所顾虑，将先人信札，常加删改。如郭嵩焘《萝华山馆遗集》，其子所辑，关于信件，中称删去'有关忌讳之文'。因此而失了史料之价值的，正不知有多少！"

蒋先生虽然重视史料，但并不认同"史学本是史料学"的说法。他认为，"史料只是史料，须加一番整理去取的工夫，而后始可成为'史书'。其审辨整理之精神态度，即是'史学'"。因此，蒋先生对史料之辨伪、取去颇为重视。由此着眼，他把史料又按其与史迹的远近，分为直接的和间接的两种，并举例说明，"我国正史大抵多取材于间接的史料，但亦间有采用直接材料的"。"在史学上占重要的地位的是间接史料"，故史料的辨伪非常重要。他引用梁启超《中国历史研究法》，介绍了史料及史迹伪误的类型及辨证的方法、态度。最后，蒋先生指出，对于史料之取去，既不能像"释古派"那样"不分皂白地信任一切史料"，也不能像"疑古派"那样"将一切史料全盘推翻，斥之为无用"，而应当效法"考古派"，"以纯学者的态度将一切史料审慎地考究，然后再将可以成为定论的结果供献给世人"。

由此可见，蒋先生对史料的拓展与辨伪十分重视。这是"新史学"最关注的核心问题。在第四编"余论"最后，蒋先生将其视为"新史学"最显著的两个进步之一①。他说，"因为时代不同，从前史学者所持为资料的，现在或已不能相信，甚至不能承认其有史料的价值"。"有的从前不以为是史料，而现代重新估价，认为乃是重要的史料的。""同时以前已承认之史迹，再重加以考订，使史学通于'真'。"

第四编"余论"，首先介绍了古人研治史籍的两大方式"注史"与"论史"，前者又可分为"注训诂"与"注事实"两种，后者亦可别为"论史事"与"论史例"两种。这可视为蒋先生对传统史学的总结。接着，他又瞻望了未来史学之发展，着重分析了如下七个方面的趋势：第一，现代史学"决不是狭义的、单是个人的历史，而是整个社会的历史；不是单给特殊阶级阅读的历史，而是给大众阅读的历史"。第二，古代史书"什九为褒贬死人而作，重在死人的事迹，这也是一个极大的错误"。现代史学"是为了'生人'，为以古代的整个社会来使后人有研究的根据"。第三，"从前的历史，所包括的范围很大"。将来的史学，"一定得分化为专门史与普通史两种，而专门史之编制，亦须具有史学的眼光，求其演进之迹"。第四，以前的史书，多"本孔子'褒贬''微

---

① 一为"客观之资料的整理"，一为"主观的观念之革新"。此说实本梁启超，但蒋先生阐发得更详细明白。参见梁启超《中国历史研究法·自序》，汤志钧、汤仁泽编《梁启超全集》第 11 集，中国人民大学出版社 2018 年版，第 256 页。

言大义'的宗旨，而全凭主观，判析是非。如此一来，历史的事实已掺入了作者主观的见解，则此'史料'便非完全真实的史料了"。现代"史学者的责任，只是求'真'，将真的事实报告给大众，不必由他下主观的批评"。不过，史学"虽然可以正当地称为一种'科学'，而永远不会是一个真正的科学，像物理学、化学一样"。第五，过去的史书，常因重文辞而歪曲事实。"当前的史学，与其因求具有文学性而失实，毋宁质而求真。"第六，"古代史书所记的事迹，常专重于每一事迹的起讫，而不及言及此事迹的发生与他事实的影响"。"将来的史学，当力注意于事与事之间的关系。"第七，"我国旧史常常提及神明上之因果报应，而少及于事实的原因与结果，这也是一大缺陷"。现代史学之"要义却在阐明事实之因果"，探问"何故"（Why）、"如何"（How）以及"什么"（What）、"何时"（When）。最后，蒋先生总结道，"对于历史，应当注重于整个历史的演变之情形"，将经济的、政治的、智识的、社会的四个方面的"源流与实情加以叙述，这才是当前史学者所最重要的任务"。将来的史学"应分化为许多专门的工作，或者将由若干专家来合作研究"，并且需要借鉴其他学科的知识，因此，也可以说"史学是一种综合的社会科学"。

放在学术史脉络中审视，不得不说，《史学纂要》创见不多，除书中已注明征引梁启超等人论说者外，还有不少内容亦有所本，如论古代史书所反映的历史观，本于陈训慈《史学观念之变迁及其趋势》①；论近代史学史的部分，基本缩写自周予同《五十年来中国之新史学》②。就"中国史学史"这一论题的应有之义来说，也有一些缺憾，比如，全书以史书与史学为核心，虽得其要领、便于初学，但对史官、史馆制度等介绍得十分简略。另外，此书像同时期的同类著作那样，虽然采用章节体，但带有明显的史部目录学和历史要籍介绍气息；还有一些细节上的瑕疵，比如对"历史"这一术语的使用，比较随意，有时指客观的历史进程，有时又指对这一进程的记录，有时又指史书，有时还兼而称之。

　　不过，总体来说，此书当得起"纂要"这一优秀教材称号。正如罗常培所说："我觉得编教科书和作研究论著性质稍微不同：后者无妨'小题大作'，前者却贵乎'深入浅出'。所以一部教科书尽管没有自己的创见，而能搜罗众说，抉择精当，条理清晰，容易了解的，便算是好著作。要是一味的掉书袋子或标榜主观的成见，读者反倒望而生畏不敢领教了。"③蒋先生广搜博稽，参考古今学人的相关成果，进行排比归纳、删削裁断，用短短十余万字的篇幅，就将中国史学史的概貌清晰描述出来，此等删繁就简、博而能约，显示了他扎实的国学修养、敏捷的思维能力和丰富的

---

① 陈训慈：《史学观念之变迁及其趋势》，《史地学报》第1卷第1期，1921年11月。

② 周予同：《五十年来中国之新史学》，《学林》第4辑，1941年2月。

③ 罗常培：《汉语音韵学·罗序》，《王力文集》第4卷，山东教育出版社1986年版，第9页。

教学经验。今天看来，此书仍不失为一部精要的国学读物，是读者走进中国古代和近代史学殿堂的入门阶梯。

《史学纂要》由正中书局 1944 年 7 月推出"渝初版"，1946 年 4 月出"沪一版"，1949 年后又在台湾多次再版。张浩然编《中华近代学术典籍汇编·历史学卷》（广陵书社 2021 年版）第 4 册亦据正中书局"沪一版"影印。这次整理此书，以民国时期最后一版正中书局"沪一版"为底本，对于整理过程中发现的讹误，皆参照他书等加以订正，并出校勘记说明。原书讹错甚多，责编董秀娟老师认真编校，谨致谢忱！

刘晓满

甲辰大暑于京华

绪论

第一编

第一章 ○

"史"之意义及其范围

历史是过去人类活动之成绩的记录；无论政治、经济、文化，从萌芽一直到成熟，其间经过的过程，都由历史记载下来，给后人以参考的资料。然而历史的事实并不一成不变，时刻有新的发现；每一发现，往往将已成为定论的史实推翻了。以人类的历史与宇宙的历史来比较，那是异常的渺小与短促的。以人类的历史与有史以后能记载在簿籍上的历史来比较，那后者更渺小更短促了。但是现代的人类，却渴于知道一切宇宙的历史与有史以来的历史，同时，又希望能将已有的史实，成为永久的定论，于是历史这一种学问，便成为荒芜待垦的园地；而历史学者的工作，也变成更辛苦更重要的工作了。

"史"字的本义，原不是现今所用"历史"的意思，是古代一种工作者的符号，沿用为官名。按汉代许慎《说文解字》"史"部下说：

　　史，记事者也。从又持中。中，正也。

但是许慎之说，不十分可靠。清代江永《周礼疑义举要》中解释道："凡官府簿书谓之'中'，故诸官言治中受中，小司寇断庶民狱讼之中，皆谓簿书，犹今之案卷也。"清罗振玉氏解释鼎文，所说亦同："掌文书者谓之史。"可见史乃是一种职司之名了。又古代"史""使""事"同字同义，"史"字，召尊鼎及豆闸敦均作"![字]"，又古文作"![字]"，象手执简立于旗下史臣奉使之义。"事"字甲骨作"![字]"，与"史"字同。总上看来，古代之所谓"史臣"，乃是掌文书而兼使者之人，所以《说文》"事"字下说："事，职也。"这"史""事"均无"史乘""史书"的意思。而英语的 History、法语的 Histoire、德语的 Geschichte，均由"故事"（Story）的意思推衍出来的，亦不过有记事的意义而已。

　　我国古书中，《礼记·曲礼》方有以"史"为正式官名的话："史载笔，士载言。"注解中说道："史者，使也，执笔左右，使之记也。"又《礼记》注："动则左史记之，言则右史记之。"可见当时已有史官的设置，并且已分化为"记言"与"记动"两种职司。据说我国之有史官，始于黄帝之世，《世本》中说：

　　　黄帝之世，始立史官，苍颉、沮诵居其职，夏、商分置左右。

《玉海》中亦称"昔四史眆于黄帝，五典建于苍籀"。苍颉、沮诵是否为人名，虽则尚有疑问，但传说之中确有史官始于黄帝之一说。至周则史官之分化，更为进步，如《周官》中所说，礼官有大史、小史、内史、外史、御史，又治官有女史。

我国既有史官专掌史职，则最初的史书，当成于史官之手。《尚书》是尧到秦穆之史，《春秋》是东周鲁国之史，《孟子》中称："晋之《乘》，楚之《梼杌》，鲁之《春秋》，一也。"则各国均有史书，也均有史官。但《汉书·艺文志》中没有"史部"，列史书于"六艺·春秋"之后，到《隋书·经籍志》才立经、史、子、集四部，而列"史"之一目。因为后人尊六艺为经，所以隋代经史分而为二。古人有"六经皆史"之说，其说倡于明李卓吾之《焚书》而大著于清章学诚的《文史通义》。章氏谓：

> 六经皆史也。古人不著书，古人未尝离事而言理，六经
> 皆先王之政典也。

其他如龚定盦《古史钩沉》所说："六经者，周史之宗子也。"张采田《史微》中也说："自孔子以上，其学术政教，一言以蔽之，'史'而已矣。"马氏《绎史序》中亦有此种说法："唐虞作史，而综为经，两汉袭经而别为史，盖经即史也。"其实六经中的《尚书》《春秋》，明明是古史，列入经部，颇不妥当；进一步说，

"经"的名目，是否妥当，也是有待研究的。

春秋战国之世，正是史学发达的时候，史官的设置，较以前为多。《左传》中韩宣子聘鲁，观书于太史氏；齐崔杼弑庄公，太史书之；晋赵盾、灵公之事，太史董狐书之；郑公孙黑强与盟，使太史书其名。而晋又有太史屠黍，楚有左史倚相，齐有南史，鲁有《外史史记》；秦、赵渑池之会，皆令御史书之；孔子求周史，得百二十国宝书；《史通》引《墨子》："吾见百国春秋。"这均是那时的史官和史书。

秦有太史令胡毋敬，汉代置太史，以司马谈为之。宣帝以后，修撰之职，以他官领之，因此以后的太史，只知"占候"了。自东汉到唐代，多隶于秘书（详见杜佑《通典》）。至宋代始有正式的史馆。马端临《文献通考》："宋制，监修国史一人，以宰相为之。修撰、直馆、检讨无常员……凡国史别置院……以藏之，谓之编修院。"这是宋代史馆的制度。《续文献通考》："辽国史院，设官曰监修国史，曰史馆学士，曰修撰，曰修国史……元以翰林兼国史。"又《渊鉴类函》："明初设起居注，寻设翰林编检等官，皆充史官。"这是宋以后史馆的大略情形。

我国史馆由国家设置，故官撰的史书很多；同时学者又有私人的著作，所以"史书"这一部分，汗牛充栋。总而论之，长处虽有，短处却也不少。现在依作者的立场来论列他们作史态度的得失，同时也可以知道他们论史的标准。今依类别之，大致可分作七种。

（甲）哲学的历史观。哲学的历史观者，常侧重于精神生活而忽略了物质的生活。同时以为历史的目的在乎"示真"，所以"史"乃是一种准古镜今的哲学。如《老子》中所说："执古之道，以御今之有，能知古始，是谓道纪。"班固《汉书·叙传》中也有这一类的见解：

> 尧舜之盛，必有《典》《谟》之篇，然后扬名于后世，冠德于百王①……故探纂前记②，缀辑所闻，以述《汉书》。

他提出"德"和"名"字，来作"史的哲学"之标准；自汉以后，我国史书作者，大抵均有如此主张。又如马端临《文献通考·序》中所说：

> 自班孟坚而后，断代为史，无会通因仍之道，读者病之。至司马温公作《通鉴》，取千三百余年之事迹，十七史之纪述，萃为一书，然后学者开卷之余，古今咸在。

不过历史之发现，自常能助哲学的证明，或者竟能产生一种新的哲学的。所以《汉书·艺文志》称老子的哲学是出于史的。"道家

---

① 冠　底本作"贯"；王　底本作"五"，据《史记》（p.4235）改。
② 探　底本作"采（採）"；记　底本作"纪"，据《史记》（p.4235）改。

者流，盖出于史官，历记成败、存亡、祸福、古今之道，然后知秉要执本，清虚以自守，卑弱以自持。"所以哲学的历史观，在许多历史观念之中成为有势力的一派。

（乙）道德的历史观。史所以记载过去的事实，有许多作者，因此认为史正足以作"殷鉴"的东西。所以司马光的《通鉴》，称为"资治通鉴"，是帝王们所专用的以道德为标准的历史教科书。章学诚在《文史通义》中有《史德》篇，提出了"史德"这个名词，以为作史者个人的德行心术，亦有关于所作之史：

> （史）德者何？谓著书者之心术也。……盖欲为良史者，当慎辨于天人之际，尽其天而不益以人也。尽其天而不益以人，虽未能至，苟允知之，亦足以称著述者之心术矣。而文史之儒，竟言才、学、识，而不知辨心术以议史德，乌乎可哉？

又说：

> 文非气不立，而气贵于平。人之气燕居莫不平也，因事生感，而气失则宕，气失则激，气失则骄，毗于阳矣。文非情不深，而情贵于正。人之情虚置无不正也，因事生感，而情失则流，情失则溺，情失则偏，毗于阴矣。阴阳伏沴之

患①，乘于血气而入于心知②，其中默运潜移，似公而实逞于私，似天而实蔽于人。发为文辞，至于害义而违道，其人犹不自知也。故曰心术不可不慎也。

他以为史的可贵，即在乎畜德明礼、定善恶、明道德、作后人的殷鉴的。这一类主张，在章氏以前已有很多的人说过了。如《易·系传》："君子以多识前言往行为德。"《尚书·无逸》："嗣王其监于兹。"《酒诰》："我其可不大监抚于时。"即《孟子》中亦说："孔子作《春秋》而乱臣贼子惧。"《太史公自序》："《春秋》者，礼义之大宗也。"希腊史家也有"史乃政治家及将领之领导"之说。史的价值，并非全在道德之训练，也未必古者即可取胜于今。而我国史学界上此派却占有重大的势力。

（丙）宗教的历史观。我国史书中常插入多量神明的事迹，而"天命"之说，到现代还盛行于民间。封禅、祥符之说，又向为历史家所不肯割爱的材料。《尧典》首称"钦若昊天"，舜亦肆类禋望，乃即帝位。皋陶之人代天工，太甲之顾諟天命，均以"天"为无上威权者。至《汉书》而其说更盛。《汉书·叙传③》引班彪《王命论》称刘氏承帝祚，及其祥符，而斥时俗曰："不知神

<hr>

① 渗　底本作"冷"，据《文史通义校注》（p.220）改。
② 乘　底本作"来"，据《文史通义校注》（p.220）改。
③ 叙　底本作"序"，据上文改。下文径改。

器有命，不可以智力求也。"又说："慎修所志，守尔天符，委命共己①。味道之腴，神之听之，名其舍诸。"《晋史》立《鬼神传》，专记鬼神之说，《史通》中也有"幽明感应，祸福萌兆，则书之"的话。其他如《左传》中所载彭生豕见以及卜筮等的神验。每代帝王及有名人物的传记中也有很多的神奇故事，如汉高祖之斩蛇等。又如《明史·李自成传》：

自成谓真得天命，金星率贼众三表劝进，乃从之。令撰登极仪，诹吉日。及自成升御座，忽见白衣人长数丈，手剑怒视，座下龙爪鬣俱动。自成恐，亟下。铸金玺及永昌钱皆不就。

大概汉高祖命中注定可以做帝，于是天赐蛇来给他斩；李自成命中无称帝之福，于是天意不准登位。又同书《黄绂传》：

官至四川左参政，按部崇庆。旋风起舆前，不得行。绂曰："此必有冤，吾当为理。"风遂散。至州，祷城隍神，梦若有言州西寺者，寺去州四十里，倚山为巢，后临巨塘，僧夜杀人沉之塘下，分其赀，且多藏妇女于窟中。绂发兵围之，穷诘其状，诛僧，毁其寺。

---

① 共己　底本作"而已"，据《汉书》（P.4231）改。

这与民间传说包龙图断狱的故事差不多。但这一类记载，每一代的正史中，都容易发现到。因为我国社会中一向充满着神的神秘，所以作史者也视为异珍地将这些动人的材料记载到史书中去，而评史者又往往以果报为论史的根据。

（丁）文学的历史观。我国历史作者，他们对于著作上的用心，不但对于史实加以注意，并且极留心于文章，使它有文学的美质。同时作者作史的目的，也竟有欲以文采传后世的。《史记》是我国最伟大的一部史书，作者司马迁在《自序》中称作史的本旨道：

有能绍明世，正《易》传，继《春秋》，本《诗》《书》《礼》《乐》之际，意在斯乎！意在斯乎！

又在《与任少卿书》中，称作史之目的是：

恨私心有所不尽，鄙陋没世而文采不表于后也。

足见他的作品是有意于文学上的价值的，因此《史记》一变而为一部文学的历史作品。当然以史书而专重文学技巧，往往有不明白或者不翔实的弊病。所以王鸣盛《十七史商榷》中批评道：

《史记》意在行文，不在记事。

这批评实在是很公允的，也指出了《史记》一书的重大缺陷。班固的《汉书》，也有和司马氏同样的倾向，《汉书·叙传》称："仆亦不任厕技于彼列，故密尔自娱于斯文。"则以史的著述为自娱的东西了，所以傅玄讥它"述时务则谨辞章而略事实"，也是偏重于文学的缘故。以《史》《汉》两书来作比较，《汉书》较少文学的价值。但以史学的立场看来，《汉书》比较是纯粹的史书。所以魏禧序《十国春秋》中说："迁仅工于文，班固则密于体。"

反对以文学方法来作史的很多很多。以为工文则害事实，刘知幾《史通·疑古》篇：

> 加以古文载事，其词简约，推者难详。

《文史通义·史德》篇，反对重文的史书道：

> 溺于文辞，以为观美之具焉[①]，而不知其不可也[②]。

文学与史学自有其关系，但不能偏重文学技巧，而歪曲了史实，忽略了事实的真相。如果能在保持历史之真实性以外，而更有文

---

① 观美　底本作"美观"，据《文史通义校注》（p.221）改。
② 而不知其不可也　底本作"是不知其可也"，据《文史通义校注》（p.221）改。

学的趣味，那么决无"溺于文辞"之病了。

（戊）伟人的历史观。历史是记载整个人类社会的活动的，但是在专制政体的环境里，因改易朝代由于个人地位之改变，于是史书的记载也便以一二"伟人"为中心了。一方面也由乎祖述儒家思想之"宪章文武，祖述尧舜"，提出一个标准的人物来记载。如《论语》："大哉尧之为君，惟天为大，惟尧则之。"孟子之赞孔子："出于其类，拔乎其萃，自生民以来，未有盛于孔子者也。"《史记》之中，也有依作者心目中崇拜的一二伟人，一一特立标示，故赵翼《廿二史劄记》斥他列项羽为本纪之不当；王安石称他入孔子为世家之错误，为"自乱其例，多所抵牾"。不知作《史记》者的本意，是故意表扬这两个人的，本孔子对哀公问所说"人存政举，人亡政息"的意思。其最大的缺点是重在伟人个人的事迹，而忽略了人与人所组成的社会活动情形，只是切面的、片段的记载罢了。

（己）经济的历史观。一切社会关系，均依经济情形而改变，而尤由于生产方法之变迁，所以社会之进化与经济情形有关系。因此历史的记载也不能忽略于记载一切经济变迁之情形。我国以农立国，不喜道财，所以对于这一点，不甚重视。古史中有禹制土田，懋迁有无①。战国之时，经济情形突变，所以当时对于经济

---

① 懋　底本作"楙"，据《十三经注疏》（p.296）改。

情形，较为重视。《管子·乘马》篇：

> 圣人所以为圣人，善分民也。

又说：

> 仓廪实而知礼节，衣食足而知荣辱。[①]

社会的安定，必先由于经济情形的宽裕。经济不宽裕，那么一切社会情形也因而混乱起来，非政治力量所能遏止的。孟子是儒者，他对经济情形亦颇重视：

> 富岁子弟多赖，凶岁子弟多暴……其所以陷溺其心者然也。

《商君书》中也有"民众无制则有乱，圣人作为土地、货财、男女之分"的话，与孟子所说略同。史书中如《汉书》有《食货志》，《史记》有《货殖列传》，惜所记不详。但后人也有以为记录商贩之事为有伤大雅的，如王鸣盛所说：

---

　　① 　此句出自《管子·牧民》。

马迁自叙既下于理，家贫，不足以自赎，故传《货殖》；班氏讥其述货殖则崇势利而羞贱贫，已不得其情，乃班史仍蹈故辙，传《货殖》，何也？且彼固谐语发愤之所作，班顾易以庄语，取市井贾人胪列满纸。

他以历史为庄重尊严的东西，只可记载帝王将相的大事，而不知整个社会的进化与退化、安全与扰乱，和"市井小人"不无关系的。战国时代哲学之所以发达，经济制度的改变实为一重要的原因。

（庚）地理的历史观。黄帝画野分水。大禹治水，乃有《禹贡》。周官施治，最重地图。班固《汉书》，始有《地理志》，以后正史均宗其意。《汉书·食货志》称，"理民之道[①]，地著为本"，亦有重视地理之意。但往往论地理的别成专名，不录于史书之中，如王象之《舆地纪胜》、乐史《太平寰宇记》等。而与历史合为专书的，惟清代顾祖禹的《读史方舆纪要》。他序中说地乃不变之体，而史是无定之事：

不变之体，而为至变之用；一定之形，而为无定之准。

吴兴祚在《方舆纪要》序文中也论及：

---

① 理 底本作"立"，据《汉书》（p.1119）改。

> 学者以史为史，而不能按之舆图；以舆图为舆图，而不能稽之于史。

当然不明地理的形势，是无从研究历史的。地理与历史也有很密切的关系。但是这两者的任务各各不同，全以地理为历史，似乎也觉不妥。史书中所以有《地理志》，也是读史者所先知道的当时地理的概况而已。

总上七种观之，作史的态度各各不同。此外，尚有"社会的历史观"，以为历史的一切记载，由于社会之变动，正史中的"志"体颇近于记社会动态的。《文中子》："史之失，自迁固始，记繁而志寡。"他就重视社会活动之记载了。江淹也说："修史之难，无过于志。"传记以一人为纲，容易着手；志记载整个社会之情形，头绪纷繁，不易着笔，而其重要性却远在传记之上。又有"政治的历史观"，我国史书，所记政治，不及全部，但记帝王名人个人之言行，范围非常狭小。"科学的历史观"以历史为单表达事体之本质，而作后人批评之对象者。这一派说法正和文学的历史观相反。王肃称《史记》不虚美隐恶,《公羊传》之称为信史，董狐之称为史笔，皆与此说相近似，但不能扩大其范围耳。

历史的作品，因作者立场、观点的不同，他们的作品中也各显露出自己的主张来。如果历史只是暴露事实的真相的，那么便该摒弃文学的、哲学的、宗教的历史观念，使它成为一种专门的学问。综合各方面有关史实的材料——人事有关于社会的活动者，史的地理情形，一切社会的风俗与民情，以及当时政治、经济的动态——来写成史料。它是理知的事业，在不断变进之中，以说明人类进化之情形为任务；同时以理想的方法考求事物的如何至此，与何以至此，以为人生及他种学问之致用，而一切务求其"真"，不单是记忆的记载，而且是理性人生的说明。在可能中找出人事中的公例来。——这是历史学者当前的任务。

第二章 ○

史书与史学

　　我国记史之书，浩如烟海。《隋书·经籍志》继经标史，于是才有"史书"一目。其较可信现代尚存的最早史书，当推《尚书》。《尚书》之外，名目尚可稽考的还很多很多。《书经》："惟殷先人，有册有典。"注："殷先世有册书典籍，说殷改夏王命之意。"《左传》文公二年，晋狼瞫曰：《周志》有之：勇则害上，不登于明堂。"注："《周书》也。"六年，史骈曰："前志有之：敌惠敌怨。"成公四年，季文子曰："史佚之志有之曰：非我族类，其心必异。"十五年，子臧曰："前志有之曰：圣达节。"襄公三十一年，子产曰：《郑书》有之：安定国家，必大焉先。"注："郑国史书。"昭公二年，范宣子来聘，观书于太史，见《易象》与鲁《春秋》，曰："周礼尽在鲁。"十二年，仲尼曰："古者有志，克己复礼，仁也。"十三年，左史倚相能读典坟。十五年，景伯曰："孙伯黡司晋典籍，为大政，故曰籍氏，辛有二子董之，晋于是有董史。"二十六年，王子朝奉周之典籍以奔楚。二十八年，晋司马叔游曰："《郑书》有之：恶直丑正，实蕃有徒[1]。"注云："古书名。"哀公三年，鲁司铎火，南宫敬叔使周人出御书。又《公羊传》庄公七年不修春秋，注云："谓史记也。"《国语·晋语》司马侯对悼公曰："羊舌肸习《春秋》。"注："《春秋》，周史之法也。"《楚语》申叔时曰："教之《春秋》，而为耸善抑恶[2]；教之故志，使知废兴者而戒惧[3]；教之训典，使知族类，行比义。"《周礼》："小史掌邦国之志。"注："如《春秋传》所谓《周志》,《国语》所谓《郑书》。""外史掌四方之志。"注："若鲁《春秋》、晋《乘》、楚《梼杌》。"[4] "外史掌三皇五帝之书。"注："楚灵王所谓三坟五典。"以上是古代史书之名，见于经传及注解者。

此外，如《家语》：子夏反卫，见读太史记者言晋师伐秦，三豕渡河。子夏曰："非也，己亥耳。"《吕氏春秋》：夏太史终古考图法出奔商，商太史向挚考图法出奔周，晋太史屠黍以图法归周[5]。以上是古代史书之见于诸家传记的。

又如《史记·陈杞世家》：孔子读《史记》至楚复陈，曰："贤哉楚庄王，轻千乘之国而重一言。"《晋世家》：孔子读《史

---

① 蕃 底本作"烦"，据《十三经注疏》(p.4599) 改。
② 耸 底本作"仇"，据《国语集解》(p.485) 改。
③ 知 底本作"之"；惧 底本作"慎"，皆据《国语集解》(p.486) 改。
④ 晋《乘》、楚《梼杌》 底本作晋《梼杌》、楚《乘》，误，据《周礼译注》(p.383) 改。
⑤ 黍 底本作"乘"，据《玉海艺文校证》(p.512) 改。

记》至文公，曰："诸侯无召王。"《后汉书·班彪传》，其略论曰："唐虞三代……有史官，以司典籍，暨于诸侯，国自有史。"《三国·吴志》右国史华覈曰①："五帝三王，皆立史官，叙录功美，垂之无穷。"《史通》引《墨子》曰："吾见百国《春秋》。"以上是古史之见于后代者。但其书已亡佚，不能见其真相。

至今尚托为古代之史的，如《逸周书》，《隋志》称《汲冢书》，《隋志》《唐志》均以为是晋太康二年得于魏安釐王冢中。但《晋书·武帝纪》及《荀勖传》《束皙传》载汲郡人不准所得《竹书》七十五篇，具有篇名，无所谓"周书"。又《史通》所引诸事，今本《竹书》无之，足见今本已不是原本了。杜预《春秋集解后序》载汲冢诸书，亦不列《周书》之目。故《四库全书总目提要》断为战国后人所作：

> 《周书》载有太子晋事，则当成于灵王以后，所云文王受命称王，武王、周公私计东伐，俘馘殷遗，暴珍原兽，辇括宝玉，动至亿万。三发下车②，悬纣首太白，又用之南郊。此皆古人必无之事。陈振孙以为战国后人所为，似非无见。然《左传》引《周志》"勇则害上，不登于明堂"，又引《书》

---

① 华（華） 底本作"韦（韋）"，据《三国志》（p.1256）改。
② 下 底本作"丁"，据《钦定四库全书总目》（p.687）改。

"慎始而敬终，终乃不困①"，又引《书》"居安思危"，又称周作九刑，其文皆在今书中，则春秋时已有之，特战国后，又辗转附益，故其论驳杂耳。

汲冢所发现者尚有《穆天子传》，《左传》称穆王欲肆其心，周行天下，将皆必有车辙马迹焉②。此书所载，即指此事。《简明目录》称这书乃小说之一，不得视为正史：

> 汲冢古本，晋郭璞注。此记周穆王西行之事，为经典所不载，而与《列子·周穆王》篇，互相出入。知当时委巷流传，有此杂记。旧史以其编记日月，皆列起居注中；今改隶小说，以从其实。

《尚书》之后，著名的国史如《国语》《春秋》《史记》……文笔既不一致，体例又各不相同。论其得失之先，必先研究它的分类。晁公武的主张③，史书之分类，可大别为三：

> 后世述史者，其体有三：编年者以事系日月，而总之于

---

① 困　底本作"固"，据《钦定四库全书总目》（p.687）改。
② 有　底本脱，据《十三经注疏》（p.4483）补。
③ 公武　底本作"以道"。按，"以道"为晁公武叔父说之字，下述引文出自公武《郡斋读书志》史类总序。据改。

年，盖本于左丘明；纪传者^①，分记君臣行事之终始^②，盖本于司马迁；实录者，其名起于萧梁，至唐而盛，杂取两者之法而为之，以备史官之采择而已。编年、纪传，各有所长，未易优劣；而人皆以纪传便于披阅^③，独行于世，号为正史。

唐刘幾《史通》则分为六家二体：

古往今来，质文递变，诸史之作，不恒厥体。榷而为论，其流有六：一曰"尚书家"，二曰"春秋家"，三曰"左传家"，四曰"国语家"，五曰"史记家"，六曰"汉书家"。

三五之代，书有《典》《坟》，悠哉邈矣，不可得而详。自唐虞以下迄于周，是为《古文尚书》。然世犹淳质，文从简略，求诸备体，固已阙如。既而丘明传《春秋》，子长著《史记》，载笔之体，于斯备矣……夫《春秋》者，系日月而为次，列时岁以相续。中国、外夷，同年共世，莫不备载其事，形于目前，理尽一言，语无重出，此其所以为长也。至于贤士贞女，高才俊德，事当冲要者，必盱衡而备言；迹在沉冥者，不枉道而详说。如绛县之老、杞梁之妻，或以酬晋卿而获记，或

---

① 纪　底本作"记"，据《郡斋读书志校证》（p.174）改。下文径改。
② 记　底本作"纪"，据《郡斋读书志校证》（p.174）改。下文径改。
③ 纪传　底本作"编年"，据《郡斋读书志校证》（p.174）改。

以对齐君而见录，其有贤如柳惠、仁若颜回，终不得彰其名氏，显其言行。故论其细也，则纤芥无遗；语其粗也，则丘山是弃，此其所以为短也。《史记》者，纪以包举大端，传以委曲细事，表以谱列年爵，志以总括遗漏，逮于天文地理、国典朝章，显隐必该，洪纤靡失，此其所以为长也。若乃同为一事，分在数篇，断续相杂，前后屡出，于《高纪》则云语在《项传》，于《项传》则云事具《高纪》。又编次同类，不求年月，后生而擢居首帙，先辈而抑归末章，遂使汉之贾谊，将楚屈原同列，鲁之曹沫，与燕荆轲并编，此其所以为短也。

《唐六典》乙部为史，分史部为十二类：（1）正史（纪、传、表、志），（2）古史（编年系事），（3）杂史（纪异体），（4）霸史（纪伪朝），（5）起居注（人君动止），（6）旧事（朝廷政令），（7）职官（序班品秩），（8）仪注（吉凶行事），（9）刑法（律令格式），（10）杂传（先贤人物），（11）地理（郡国山川），（12）谱系（世族继序），（13）略录（史条策目）。则较六家二体之分类为繁。

至清《四库书目提要》因《唐六典》之分类而加以改变，分作十五类：（1）正史，（2）编年，（3）纪事本末，（4）别史，（5）杂史，（6）诏令奏议，（7）传记，（8）史钞，（9）载记，（10）时令，（11）地理，（12）职官，（13）政书，（14）目录（15）史评。序中加以说明道：

编年、纪传均正史也，其不列为正史者，以班、马旧裁，历朝继作，编年一体，则或有或无，不能使时代相续，故姑置焉。

陈振孙《书录解题》，创立"别史"一门，以处上不至于正史，下不至于杂史者，义例独善……其书皆足以相辅，而其名则不可以并列，命曰别史，犹大宗之有别子云尔。

"杂史"之目，肇于《隋书》……故王嘉《拾遗记》《汲冢琐语》得与《魏尚书》《梁实录》并列，不为嫌也。然既系史名，事殊小说，著书有体，焉可无分。

《唐志》史部，初立此（诏令奏议）门……论事之文，当归史部，其证昭然。

（传记之属，分为四门：）一曰圣贤，如《孔孟年谱》之类；二曰名人，如《魏郑公谏录》之类；三曰总录，如《列女传》之类；四曰杂录，如《骖鸾录》之类。

帝魁以后，《书》凡三千二百四十篇，孔子删取百篇，此"史钞"之祖也。《宋志》始自立门。

五马南浮，中原云扰，偏方割据，各设史官，其事迹亦不容泯灭。故阮孝绪作《七录》，"伪史"立焉。《隋志》改称"霸史"。《文献通考》则兼用二名。

其他，"时令"记民事，"地理"载地形，"职官"录政典，"目录"记史书之名，"史评"录评史之作。此种分类，如地理、目录、职官等等，各有专书，不必定入史部；"史钞"一类，乃改抄史书而成，无大价值，又非创制。现在参考各家分类，大别为两类：

（甲）史书,（乙）史学（史评为史学中之一部分）。

史书之中可分为若干门：

（1）以编撰之体例而分：（A）纪传,（B）编年,（C）纪事本末；

（2）以史书的内容而分：（A）国别史,（B）专史,（C）杂史。

上列六项史书的内容优劣及概况，当于下编再作详细的叙述。下面先论"史学"。

记载历史之书，叫做"史书"；研究"史"的学问，叫做"史学"。"史学"一词，始见于顾炎武的《日知录》，但以为乃是"史才"之训练，而非研究史的学问。同时，前人所称的"史学"乃指其中一小部分的"史论"而言。以往史学的工作，不外两大部分：专重考据，近乎汉学；专论事实之得失优劣，近乎宋学。前者之弊，流于穿凿；后者之弊，流于附会。其他一种，专重体例之研究，评骘群史，要非学力渊博，不能率尔著笔。至于空谈一流，但议论史事，其弊至于策论，则仅成为文人掉笔头的一种材料而已。《四库书目提要》的史评，实即史学之一部分。它论史评道：

> 《春秋》笔削，议而不辨；其后三传异词。《史记》自为序赞，以著本旨，而先黄老，后六经，退处士，进奸雄，班固复异议焉。此史论所以繁也。其中考辨史体，如刘知几、倪思诸书，非博览精思，不能成帙，故作者差稀；至于品骘旧闻，评弹往迹，则才缅史略，即可成文；此是彼非，互滋簧鼓，故其书动至汗牛。又文士立言，务求相胜，或至凿空生义，僻谬不情，如胡寅《读史管见》，讥晋元帝不复牛姓者①，更往往而有。故瑕颣丛生，亦惟此类为甚。

《史通·论赞》篇中也说：

> 史之有论也，盖欲事无重出，文省可知。如太史公曰，"观张良，貌如美妇人"，"项羽重瞳，岂舜苗裔"，此则别加他语，以补书中，所谓"事无重出"者也。又如班固赞曰，"石建之浣衣，君子非之"，"杨王孙裸葬，贤于秦始皇远矣"，

---

① 讥（譏）底本作"议（議）"，据《钦定四库全书总目》（p.1162）改。

此则片言如约，而诸义甚备……马迁自序，班固变为述，蔚宗又改为赞，萧、李《南》《北齐史》，唐修晋史，皆篇终有赞。夫每篇立论，其烦已多，嗣论以赞，黩又甚矣。

论作史之说，重要的有（1）求考证，（2）须整理，（3）养史才诸说。

（1）求考证[①]。《四库提要》云：

> 史之为道，撰述欲其简，考证则欲其详。莫简于《春秋》，莫详于《左传》：鲁史所录，具载一事之始末，圣人观其始末，得其是非，而后能定以一字之褒贬，此作史之资考证也；丘明录以为传，后人观其始末，得其是非，而后能知一字之所以褒贬，此读史之资考证也。苟无事迹[②]，虽圣人读《春秋》，不知所以褒贬。儒者好为大言，动曰舍传以求经，此其说必不通。其或通者，则必私求诸传，诈称舍传云尔。

史料之来源，求其有所依据，要在许多相似而不同之材料中，加以决定，自非繁征博引，参考群书，不易断定。例如《史记》是我国最早可靠之正史。后人往往在这书中找寻史料，作为史事

---

① 1 底本作"甲"，据上文改。
② 迹（蹟） 底本作"绩（績）"，据《钦定四库全书总目》（p.611）改。

之根据，但是其中谬错失考的地方很多很多。如全祖望的《经史问答》中的一条：

（问）六国世家，其纪事莫如赵之诬谬者。不特屠岸贾一事也。如宣孟之梦，简子钧天之梦[①]，原过三神之令，主父大陵之梦，孝成王之梦，何其言之庞而怪欤[②]？谓非纬候之先驱不可矣。（答）是尽当芟除者也，其中纪事之失，尚有昔人所未及纠正者。惠文王十五年，即燕昭王之廿八年也，以师与燕伐齐大捷，燕人遂深入取临淄；是时齐襄王保莒，田单保即墨，而余地皆入燕。乃曰惠文王十六年，秦复与赵数击齐，齐人患之，燕厉为齐遗赵王书游说，赵乃不击齐。夫当时之齐，区区二城耳，秦何所利而击之？即击之又何所畏，而必与赵共击之？其谬一也。乃下又曰：是年廉颇攻齐昔阳，取之。夫昔阳是鼓地，春秋末已属晋，至是原属赵，非齐地。且齐是时所有只二城，安得尚有余邑为赵所取？其谬二也。乃下又曰：十七年乐毅将赵师攻魏伯阳。按，乐毅留徇齐地，及二城不下遂守之，并未尝归燕，何从将赵师而攻魏？其谬三也。乃下又曰：十九年赵奢将入齐麦丘取之。是时齐亦尚

---

① 钧 底本作"钩"，据《经史问答》卷八改。
② 其 底本作"以"，据《经史问答》卷八改。

止二城，麦丘属燕。其谬四也。乃下又云：二十年廉颇将攻齐。按是年乐毅尚在齐，次年田单始败燕军，乃有七十余城，当前一年，齐无可攻。其谬五也。盖惠文王此五年中，无一事可信，不知史公何所据而志之。

（2）须整理。《十七史商榷》论《汉书》：

《五行志》上卷末段，以罢郡国庙及太上皇惠帝寝庙，徙甘泉泰畤、河东后土于长安南北郊，又罢雍五畤、郡国诸旧祀，皆致水灾之应，而不言其说出于何人。观《郊祀志》刘向之言，知其出于向也。夫毁庙徙郊等，皆复古而得礼之正者，贡禹、匡衡、谷永皆是也，而向乃以为能致水灾。向之曲说如此。班书采辑诸书而成，有未加裁剪者。如《郊祀志》赞云："究观方土祠官之变，谷永之言，不亦正乎？"是固以毁庙徙郊为正也。而此志乃复云云，殊自相矛盾矣。

又顾炎武《日知录》中亦有斥《汉书》不加整理的地方：

《礼乐志》上云孝惠二年使乐府夏侯宽备其箫管，下云武帝定郊祀之礼，乃立乐府。《武五子传》上云：长安白亭东为戾后园。下云：后八岁，封戾夫人曰戾后，置园奉邑。乐府之名虽立于孝惠之世，庚园之目预立于八年之前。此两收而未贯通者也。

（3）养史才。《史通》：

> 史官之作，肇自黄帝……孔甲^①、尹逸，名重夏、殷，史佚、倚相，誉高周、楚。晋则伯黡司籍，鲁则丘明受经，此并历代史臣之可得而言者……是必直若南史，才若马迁，精勤不懈，若扬子云，谙识故事，若应仲远……使夫载言纪事，藉为模楷，搦管操觚，归其仪的，斯则可矣。

史的著作，自非易事，作者非具备各方面之常识、活跃的文笔、人事之经验、观察判断的力量以及过人的精力，不易至此。所以丘濬又说：

> 百官所任者一时之事，史官所任者万世之事。……故是职也，是非之权衡，公议之所系也。禹不能褒鲧^②，管、蔡不能贬周公，赵盾不改董狐之书，崔杼不能夺南史之

---

① 甲　底本作"申"，据《史通》（p.276）改。
② 禹不能褒鲧　底本作"禹才能褒贬鲧"，据《丘濬集》第1册（p.148）改。

简。公是公非，纪善恶以志鉴戒，苟非得人如刘知幾所谓"才""学""识"三者之长，曾巩所谓"明足以周万事之理，道足以通天下之用，智足以知难知之意，文足以察难显之情"，不如是不足称是任也。若推其本，尤必得如揭傒斯①所谓"有学问文章，知史事而心术正者"，然后用之，则文质相称、本末兼该，定为一代之良史矣。

此外尚有"五难""三途""五志""三长"之说：

史之为难也有五：烦而不整，一难也；俗而不典，二难也；书不实录，三难也；赏罚不中，四难也；文不胜质，五难也。——"五难"。

史之为务，厥途有三焉：彰善瘅恶，不畏强御，若晋之董狐、齐之南史，此其上也；编次勒成，郁为不朽，若鲁之丘明，汉之子长，此其次也；高才博学，名重一时，若周之史佚，楚之倚相，此其下也。——"三途"。

晋荀悦有云：立典有五志焉：一曰达道义，二曰彰法式，三曰通古今，四曰著功勋，五曰表贤能。干宝之释五志也，体国经野则书之，用兵征伐之权则书之，忠臣烈士、孝子贞

---

① 傒 底本作"傒"，据《丘濬集》第1册（p.148）改。

妇之节则书之，文诰专对之辞则书之，材力技艺殊异则书之。
今更广为三科：一曰叙沿革，二曰明罪恶，三曰旌怪异；礼
仪用舍、节文升降则书之，君臣邪僻、国家丧乱则书之，幽
明感应、祸福萌兆则书之。——"五志"。

　　史有三长，才、学、识，世罕兼之，故史才少。有学无
才，犹愚贾怀金，不能货殖；有才无学，犹巧匠无楩楠，不
能成宝。——"三长"。

以上诸说，五难之中"俗而不典""赏罚不中"两项，正是历代史
家作史之病：史求其文，则易失事实；欲以用作《春秋》之褒贬，
则失了历史本来的价值，而单为传义的书籍了。五志之说，亦偏
重于伟人史观。"旌怪异"一项，用以记"幽明感应，祸福萌兆"，
那史书便又变成传教的书册了。

　　首提"史学"一词而加以论列的人，是章学诚。他说明史学
一词的意义道：

　　　　整辑排比，谓之史纂；参互搜讨，谓之史考：皆非史学。

又说：

　　　　世以博稽言史，则史考也；以文笔言史，则史选也；以

故实言史，则史纂也；以议论言史，则史评也；以体裁言史，则史例也。唐宋至今，积学之士，不过史纂、史考之例；能文之士，不过史选、史评。古人所谓史学，则未之闻也。

章氏所谓"史学"，乃先有学而后有史，始可称为史学；真正之史学，决非有几部著作而已，必当有卓然之见识，能独创一体者。所以又说：

> 古人史学，口授心传而无成书，其有成书，即其所著之史也。……马、班诸氏不作，而史学衰。于史书有专部，而所部之书，转有不尽出于史学者矣。

他不承认后世仿《史》《汉》的史书为有史学的价值的，但以为史学的表现，即其所著之史书，如《史记》等。他又以为史学之两大宗门为著述与比类的工作。他说："著述譬之韩信用兵，而比类譬之萧何转饷，二者固缺一而不可，而其人固易地而不可为良者也。"所谓"比类"，即是记注。"撰述欲其圆而神，记注欲其方以智。""记注欲往事之不忘，撰述欲后来者之兴起。"著述之中，又有两大要素：一为独断之学，一为考索之功。能兼而有之，方可以言史学（详见第三编第五章中）。

章实斋史学的见解，比上面诸说为明白允当。同时我们也可以了解史学与史书的关系。每个史学者的史学观即表现在他们的著作里。所以《春秋》与《史记》体例、内容各不相袭，而后人只能沿其旧例。故后来之史书作者，只是史匠而非史学者。正因为无言史学之消亡，而后有论史之著作（章氏之说）。如刘知幾、倪思、章学诚诸人之作，均为史学巨著，而将史书批评研究，成为一种独立的学问。故史学之研究，不能不以史书为对象，而史书又是史学研究的材料，两者之间，有不可分离的关系。不过，如果以一切史书均是史学的渊薮，或者以为凡史学家必有史的著作，那是不甚妥当的判断。

史书

第二编

第一章○

纪传史

　　纪传之史，以人为纲；现今通行的"二十四史"均是纪传体。《隋书·经籍志》首称此类体例的史书为"正史"。它在正史序中说："世有著述，皆拟班、马，以为正史。"但《明史·艺文志》并列纪传、编年，均称正史。《章氏遗书·补史考释例》称："编年之书，出于《春秋》，本正史也；乃班、马之学盛，而史志著录，皆不以编年为正矣。"而宋王应麟《玉海》中以为"正史"之名是与"杂史"对称的：

　　　自郑书、晋乘、鲁史、秦纪，而国各有史，如南、董、左氏之流，史犹出于一家也。逮汉中叶，有臣曰迁，罔罗旧闻，终篇麟止，而编年之体始变。班、刘而下，波沿影附，犹未有正史之名也。贵耳贱目，见闻异辞，而史始杂。余分闰位，记注并作，而史始伪。珉玉错陈，朱紫勿混，缕是条与科别，粹然一出于正者，编为正史。

其见解近于迂曲。而以《四库书目提要》之解释为最可通：

> 司马迁改编年为纪传，荀悦又改纪传为编年。刘知幾深通史法，而《史通》分叙六家，统归二体，则编年、纪传均正史也。其不列正史者，以班、马旧裁，历朝继作，编年一体，则或有或无，不能使时代相续，故姑置焉，无他义也。

纪传之史，在唐代以前通行的，只有司马迁的《史记》与班固的《汉书》、范晔的《后汉书》，其次是陈寿的《三国志》，所谓"汉四史"；至唐代而有"十三代史"的名目，即在四史中再加上晋、宋、齐、梁、陈、魏、齐、周、隋等史。《宋史·艺文志》史钞类有周护《十七史赞》、《十七史确论》。所谓"十七史"者，即是十三代史，再加南、北史与唐、五代史，共为十七种史。到元，再加宋史，称为"十八史"；明代再加元史，称"十九史略"。又有"二十一史"之称，是十七史再加宋、辽、金、元史而成。清乾隆中纂定《明史》，遂又加《旧唐书》而为"二十三史"，又从《永乐大典》中蒐辑薛居正《旧五代史》，与欧阳修的《五代史》并列，合称为"二十四史"。民国十年山东柯劭忞著《新元史》二百五十七卷，于是又有"二十五史"之称了。按，明杨慎有《廿五史弹词》，则"二十五史"之名，明代早已有了。不过所加的不是《新元史》而已（详见钱大昕《十驾斋养新录》、王鸣盛《十七史商榷》、晁公武《郡斋读书志》、赵翼《廿二史劄记》、顾炎武《日知录》等书。按，正史之名类甚多，有"三史""四史""五史""七史""八史""十史""十三史""十五史""十七史""十八史""十九史""二十一史""二十二史""二十四史""二十五史"等。其中有同一名目而所指之史不同的，如"三史"或指《史》《汉》与《东观汉记》而言）。

廿五史之中，以《史记》《汉书》两种为最著名。因为《史记》是一部通史，又系首制；而《汉书》承《史记》之后，稍加改易。两书遂为后来史书之宗。兹将此两书（及《后汉书》《三国志》）略加论列，其余作一简表，列之于后。

（甲）《史记》。《汉书·艺文志》有《太史公书》，是《史记》的原名。钱大昕说：

> 子长述先人之业，作书继《春秋》之后，成一家言，故曰《太史公书》。以官名之者，承父志也。以虞卿、吕不韦著书之例言之，当云"太史公春秋"；不称"春秋"者，谦也。《班史·艺文志》：《太史公》百三十篇，冯商所续《太史公》七篇，俱入春秋家；而班叔皮亦称为《太史公书》，盖子长未尝名其书曰"史记"也。桓谭云："迁著书既成，以示东方朔，朔署曰

《太史公书》。"署之者，名其史也。或者不察，以为朔尊迁之称，失之远矣。

《廿二史考异》以为"史记"之名，出于魏晋以后：

> 考《汉书·宣元六王传》：东平王宇上疏求《太史公书》，大将军王凤言："《太史公书》有《战国策》纵横权谲之谋。"《扬雄传》："《太史公①》记六国，历楚汉，讫麟止，不与圣人同。"《叙传》："东平王思以叔父求《太史公》、诸子书，大将军白不许。"《后汉书·窦融传》："乃赐融以外属国，及《太史公·五宗》《外戚世家》《魏其侯列传》。"《范升传》："难者以《太史公》多引《左氏》，升又上《太史公》违戾五经、谬孔子言，及《左氏春秋》不可录三十一事。"《陈元传》："博士范升等议奏《左氏春秋》不可立，及《太史公》违戾凡四十五事②。"《杨终传》："受诏删《太史公书》为十余万言。"皆不云"史记"。"史记"之名，疑出魏晋以后，非子长著书之意也。（《后汉书·班彪传》有"司马迁著《史记》"之语，此范蔚宗增益，非东观旧文。）

---

① 公　底本脱，据《廿二史考异》（p.105）补。
② 五　底本脱，据《廿二史考异》（p.105）补。

"史记"是古代史书之通称。自魏晋而后，改《太史公书》为《史记》，于是《史记》之名，变成司马迁所著史书之专称了。司马迁受李陵之祸，下蚕室，于是愤而作《史记》，自元封二年至征和二年，其书始成，共廿八年（见《廿二史劄记》）。他父亲司马谈为汉室太史，父卒后三岁，迁继为太史令，则《史记》或系续其父之旧作而成。今《史记》自序中尚有《论六家要旨》一书，即谈所作。《史通》论《史记》：

当春秋之世，诸侯国自有史。故孔子求众家史记，而得百二十国宝书，如楚之《书》、郑之《志》、鲁之《春秋》、魏之《纪年》，此其可得言者。左丘明既配经立传，又撰诸异同，号曰外传《国语》二十一篇，斯盖采《书》《志》等文，非唯鲁之史记而已。楚汉之际，有好事者，录自古帝王、公侯、卿大夫之世，终于秦末，号曰《世本》十五篇。春秋之后，七雄并争，秦并诸侯，则有《战国策》三十三篇。汉兴，太中大夫陆贾纪录时功，作《楚汉春秋》九篇。孝武之世，太史公司马谈欲错综古今，勒成一书，其意未就而卒。子迁乃述父遗志，采《左传》《国语》，删《世本》《战国策》，据楚汉列国时事，上自黄帝，下迄麟止，作十二本纪、十表、八书、三十世家、七十列传，凡百三十篇，都谓之《史记》。厥协六经异传，整齐百家杂言，藏诸名山，副在京师，以俟后圣君子。至宣帝时，迁外孙杨恽祖述其书，遂宣布焉。而十篇未成，有录而已。元、成之间，诸先生（少孙）更补其阙，作《武帝纪》《三王世家》《龟策》《日者》等传，辞多鄙陋，非迁本意也。

（乙）《汉书》。《汉书》，班固作。起于高祖，终于孝平、王莽之篡，凡一百三十年。班固之父班彪接迁书太初以后，继采遗事，旁贯遗闻，作后传数十篇（见《后汉书·班固传》）。固继父业。因有人告私改国史，而明帝阅而善之，使固终其事。自永平始受诏，积二十年，至建初中乃成，而《人表》及《天文志》尚未就。固卒，和帝诏其妹昭就东观藏书阁踵成之（见《后汉书》及赵翼《廿二史劄记》）。后因汉有前后，故加"前"字而称《前汉书》。《金楼子·聚书》篇，又谓孔昂写《前汉》《史记》《三国志》《晋阳秋》《庄子》《老子》等一百卷，则梁时已有此名称了。《史记》《汉书》各有优劣，《史记》长于文字，而《汉书》长于体例。魏禧所谓："迁仅工于文，班固则密于体。"晋张辅以为简事而文省，《史》优于《汉》；赵翼以为叙述《汉》不及《史》。宋倪思有《班马异同》三十五卷，论其轩轾，大抵左《史》而右《汉》。《通志略序》则斥班固为浮华之士人，无学术而专学剽窃。按之实际，《史记》在前，则班固自有所依循；且班固之书，又承其父遗作，更易为功。《陔余丛考》："《汉书》体例，删去世家而存纪、传①，陈胜、项籍俱载列传中，此皆祖班彪所定，非固为也，见彪本传。"《汉书》中之《古今人表》，尤为刘知幾所指斥，以为断代史中不应有此（见《史通》）。此盖沿《史记》之旧，而忘其为断代，与《史记》不同。其"述"即《史记》之"论"（《退庵随笔》），"十志"即本《史记》之"八书"（《廿二史劄记》）。赵翼又称《汉书》不但袭《史记》，而本于刘子骏之《汉书》处甚多：

> 葛洪云：家有刘子骏《汉书》百余卷。歆欲撰《汉书》，编录汉事，未得成而亡，故书无宗本，但杂记而已。试以考校班固所作，殆是全取《汉书》，其所不取者，二万余言而已。

其后有古本《汉书》之说，《南史·刘之遴传》：梁鄱阳王得班固《汉书》真本，献昭明太子，太子使之遴与张瓒、陆襄等参校古、今本异者数十处云云。赵翼以为可信。但《读书丛录》《经史问答》均以为妄，所谓"真本"皆系伪制，窜乱原文，以为古本。《四库书目提要》：

> 是书（《汉书》）历代宝传，咸无异论，惟《南史·刘之遴传》云……以今考之，则语皆谬妄。

---

① 纪　底本作"记"，据《陔余丛考》（p.135）改。

（丙）《后汉书》。《简明目录》："《后汉书》本纪十卷，列传
八十卷，宋范蔚宗撰，唐章怀太子注①；志三十卷，则晋司马彪
《续汉书》之文，梁刘昭注之。唐以前本各为书，宋乾兴中判国子
监余靖建议校刊，乃取以补范氏之亡。诸家征引，多称《后汉书》
某志，失之远矣。"蔡方炳称："初，蔚宗令谢俨撰志未成，而蔚
宗伏诛，俨意疏寝事。梁世，刘昭得其旧本，因补注三十卷。"范
晔，字蔚宗，顺阳人，善隶书，晓音律，善为文章。元嘉元年冬，
彭城太妃死，将葬，晔与其弟广渊夜中酣饮，开北窗听挽歌为乐，
于是被迁宣城太守。不得志，乃删众家《后汉》，成一家之言。后
因彭城王义康被黜，晔与孔熙先同谋，欲倾宋室，事泄被诛（均
见《宋史》本传）。范氏之作，系改述诸家之著作而成，而其"十
志"亦未完成。《陔余丛考》：《后汉书》自班固、陈宗、尹敏以
下②，撰述家最多，"是以蔚宗易于藉手，兼有迁、固为之成式，益
得斟酌以求至当。如改外戚传为皇后纪，而外戚之事附之，又增
文苑、方术、列女、宦者诸传，皆前史所未及，而实史家之不可
少者也"。但后人所论疏谬之处很多，如文字之繁复（《廿二史考
异》）、叙述无根（《十七史商榷》）、传文矛盾（《日知录》）、袭旧
史而未深考（《后汉书补注》）等处很多。赵翼虽称其类叙有法，
但又斥郑康成、贾逵不列入儒林传之非，北乡侯不立纪之误。则

① 子　底本脱，据《四库全书简明目录》（p.128）补。
② 敏　底本脱，据《陔余丛考》（p.107）补。

范书之病在于参酌群书而不曾深考，以至如此。范氏与甥侄书中却对他自己的著作自命不浅，他说：

> 既造《后汉》，转得统绪[1]，详观古今著述及评论，殆少可意者。班氏最有高名，既任情无例，不可甲乙辨。后赞于理近无所得，唯志可推耳，博赡不可及之[2]，整理未必愧也。吾杂传论，皆有精意深旨，既有裁味，故约其词句。至于循吏以下，及六夷诸序论，笔势纵放，实天下之奇作，其中合者，往往不减《过秦》篇。尝共比方班氏所作，非但不愧之而已。欲遍作诸志，《前汉》所有者悉令备，虽事不必多，且使见文得尽，又欲因事就卷内发论，以正一代得失，意复未果。赞自是吾文之杰思，殆无一字空设，奇变不穷……

史有目录始于范书，以前之目录，皆后人所加（见《养新录》）。此为范书之创制。范氏之表，宋熊方补之，取材于《三国志》，舛误甚多。钱大昭博采群书，作《后汉书补表》六卷，《粤雅堂丛书》中有之。今志三十卷，乃晋司马彪续成。唐以前各自为书，宋乾兴中国子监校刊乃合为一。

（丁）《三国志》。《文献通考》："《三国志》，晋陈寿撰。魏四

---

[1] 转　底本脱，据《后汉书·狱中与诸甥侄书》（p.2）补。
[2] 赡　底本作"瞻"，据《后汉书·狱中与诸甥侄书》（p.2）改。

纪、二十六列传，蜀十五列传，吴二十列传。叙事高简有法，张华尤称之。宋文帝嫌其略，命裴松之补注，博采群说，分入书中，其多过本书数倍。"他的作品也是集前人之大成的，与范书相似。黄初、太和中，曾创《魏史列传》不成，又命应璩、阮籍等撰定，其后秘书监王沈成其事，作《魏书》四十四卷。其书殊非实录，多为时讳。又京兆鱼豢私撰《魏略》，夏侯湛亦有《魏书》，其后孙盛有《魏氏春秋》，王隐作《蜀记》，均为陈书所本。《晋书·陈寿传》称寿作《三国志》，善叙事，有良史之才；但又记丁仪、丁廙有名于时，寿向其子索千斛米不与，竟不为立传。又寿为马谡参军，谡为诸葛亮所诛，寿父亦曾被髡，故寿为亮传，谓将略非所长。赵翼以为寿于司马氏多回护，故亮遗懿巾帼、死诸葛走生仲达等事 ①，传中皆不敢书。则《三国志》不能称为信史。其所以著名的原因，为裴松之的注。裴氏注《三国志》，成帝阅而善之曰："此可以不朽矣。"（见赵翼《刿记》）裴氏之注，约有六例：一为参诸书之说，以核伪异；二为传所有之事，详其委曲；三为传所无之事，补其阙佚；四为传所有之人，详其生平；五为传所无之人，附以同类；六为引诸家之论，以辨是非（《四库书目提要》）。裴氏所引之书，有谢承《后汉书》等百四十余种，其与史家无涉者，不在数内（详见钱大昕

---

① 走　底本作"死"，据《廿二史刿记校证》（p.132）改。

《十驾斋养新录》)。

关于《三国志》，尚有"正统"的问题。陈寿《三国志》以魏为正统，而习凿齿《汉晋春秋》则以蜀汉为正统。其后《通鉴》与《纲目》亦不相同。王应麟《困学纪闻》:

> 三国鼎峙，司马公《通鉴》以魏为正统……朱子《纲目》
> 以蜀汉为正统……

盖《通鉴》本陈寿《三国志》，而《纲目》则本习凿齿之《汉晋春秋》的。《简明目录》:"晋承魏祚，寿为晋臣，伪魏是伪晋也。"这是陈氏所作以正统予魏的原因。《四库书目》称:

> 其书(《三国志》)以魏为正统，至习凿齿作《汉晋春秋》，始立异议。自朱子以来，无不是凿齿而非寿。然以理而论，寿之谬万万无辞;以势而论，则凿齿帝汉顺而易，寿欲帝汉逆而难。盖凿齿时，晋已南渡，其事有类乎蜀，为偏安者争正统，此孚于当代之论也。寿则身为晋武之臣，而晋武承魏之统，伪魏是伪晋矣，其能行于当代哉? 此犹宋太祖篡立近于魏，而北汉、南唐迹近于蜀，故北宋诸儒皆有所避而不伪魏;高宗以后，偏安于左，近于蜀，而中原魏地全入于金，故南宋诸儒，乃纷纷起而帝蜀。此皆当论其世，未可以

> 一格绳也。惟其误沿《史记》周、秦本纪之例，不托始于魏
> 文，而托始于曹操，实不及《魏书》叙记之得体，是则诚可
> 已不已耳。

则正统之说，因作者时代立场不同而异，实非重要之问题。但以
异族入中国，则正统之说不可不明。如三国魏、蜀、吴都是汉人
执政，自可以依作者之立场而各尊其帝；但如五胡之乱，南、北
朝之分，自不得不以正统来加以区别的。

以上四史——《史记》《汉书》《后汉书》《三国志》，合称"四
史"，有一相同之点，即是均系个人的撰述，是私撰而非官书。
《三国志》的注虽系勒令注作，而《三国志》本身乃是陈寿一人的
作品，《史记》《汉书》《后汉》均是如此。与后代史书的集众人之
力，由政府协助而完成者不同。则四史之所以较其他史书为长的
原因[1]，亦即在此。

从《晋书》至《明史》，因种类太多，不能一一举示，因列一
简表，述其作者、渊源、内容、得失，依次列之（表一）：

---

[1] 四　底本空格，据上文补。

表一

史书名称	撰述人	渊源	内容概要	得失批评
《晋书》	唐房乔奉敕撰，褚遂良、李淳风、李义府等佐之①（《文献通考》），陆机、王羲之之传论及宣、武纪乃唐太宗所作②，共此事者二十一人（《通志考》）。官撰。	初，陆机有《三祖纪》③，束晳又撰《十志》。王铨及其子隐尝作《晋史》，为同僚所诉，坐事免官，家贫，隐依庾亮，乃成《晋书》八十九④卷。干宝亦有《晋纪》二十二卷⑤，江左孙盛等亦有著作。宋何法盛始合而作《晋中兴书》，齐臧荣绪合东、西二史为一编，至房乔，乃本而为《晋书》（《史通》）。	记西晋四帝五十四年、东晋十一帝一百二年，又胡、羯氏、羌、鲜卑割据中原，为十六国，成帝纪十、志二十、列传七十、载记三十（《文献通考》）。本有叙例一卷，目录一卷，今但存目录（《养新录》），共一百三十卷。	晋世杂书，若《语林》《世说》《幽明录》《搜神记》，皇朝新撰《晋史》，多采以为书。夫以干⑥、邓之所粪除，王、虞之所糠秕，持⑦为逸史，用补前传，虽取悦于小人，终见嗤于君子（《史通》）。

----

① 府　底本作"甫"，据史实改。

② 及宣、武纪乃唐太宗所作　底本作"乃宣武所作"，据《文献通考》（p.5575）改。

③ 纪　底本作"记"，据《史通》（p.317）改。

④ 九　底本脱，据《史通》（p.318）补。

⑤ 二十二　底本作"二十"，据《史通》（p.318）改。

⑥ 干　底本作"子"，据《史通》（p.108）改。

⑦ 持　底本作"特"，据《史通》（p.108）改。

史书名称	撰述人	渊源	内容概要	得失批评
《宋书》	梁沈约奉敕撰。其中臧质、鲁爽、王僧达诸传,皆孝武作。半官撰。	此书以前,尚有何承天之纪、传①,裴松之未成之书,苏宝生续之,宝生诛,徐爰续之。赵翼称,沈书多用徐爰旧本,以何承天书为底本。	始于永初元年②,终于昇明三年。帝纪十,志三十,列传六十,凡一百卷。《四库书目提要》称,此书至北宋颇散逸,到彦之一传,系后人取《南史》之文补入者。又有外国传叙佛教。	志中有《符瑞志》,赵翼称为"徒滋荒诞",《四库提要》评为"八志之中惟符瑞实为赘疣"。
《南齐书》	梁萧子显撰(子显乃萧道成第二子文献王嶷之子)。半官撰。	江淹有《十志》,沈约有《齐纪》二十卷③。子显合而成书。其时吴均奉诏作《齐春秋》,书事实录,恶武帝,乃烧之,私本亦传于后。《陔余丛考》称,萧氏之作,本檀超、江淹之旧删订成书。	本纪八,志十一,列传四十,共五十九卷,无艺文、食货志。《养新录》称,本有萧氏序录,沈氏志序,今但存志序。又《梁书·子显传》称,《齐书》六十卷④,今《齐书》仅五十九卷。《南史·子显传》载其序二百余字,或即末篇自序之文。	王应麟《困学纪闻》云,萧子显以齐宗室仕于梁,而作齐史,虚美隐恶,其能直笔乎?

---

① 纪 底本作"记",据文意改。

② 永初 底本作"义熙"。柴德赓《史籍举要》(p.58)云:"沈约《宋书》与徐爰旧本亦有不同:徐爰书始于晋安帝义熙元年(405),沈约书则始于宋武帝刘裕即位之年,即永初元年(420)。"据改。

③ 纪 底本作"记";卷 底本作"篇",据《梁书》(p.243)改。

④ 十 底本脱,据《梁书》(p.512)补。

续表

史书名称	撰述人	渊源	内容概要	得失批评
《梁书》	唐姚思廉撰。历时七载①，篇末题"陈吏部尚书姚察"者，凡二十六。《文献通考》称总论为魏徵作。半官撰。	何之元、刘璠有《梁典》三十卷②。陈姚察有志成史，为其子思廉《梁书》所本（《梁书·姚察传》《文献通考》）③。	本纪六，列传五十，无志，《旧唐书·思廉传》及《经籍志》均作五十卷，而《史通》及《新唐书》作五十六卷，与今书合。	赵谓病在纪事迁避，多载芜词，亦多有饰终之诏④。
《陈书》	唐姚思廉撰。半官撰。	初有吴郡顾野王及傅绎作史⑤，陆琼续作。《简明目录》称，姚察所作仅二卷，余皆出于一手。	本纪六，列传三十，无志，共三十六卷。	杭世骏《诸史然疑》称，沈君公不当附沈后，当附《君理传》。欧阳纥不当附颜，当次华皎等传。徐孝克不当附陵，当附《孝行传》。

① 七　底本作"九"，据史实改。
② 卷　底本作"篇"，据《隋书》（p.958）改。
③ 通　底本作"周"，据上文改。
④ 诏　底本作"语"，据《廿二史劄记校证》（p.195）改。
⑤ 绎　底本"伟（俸）"，据《史通》（p.324）改。

续表

史书名称	撰述人	渊源	内容概要	得失批评
《魏书》	北齐魏收撰。官撰。	邓渊本有《国记》十余卷①。崔浩作《国书》，因纪实事，刊石于路，坐夷五族②，同作死百二十八人③。后高允修国记④，为编年体；又为李彪、崔光改为纪、传⑤。温子昇又有《孝庄纪》，元晖业又有《辨宗室录⑥》。至魏收，乃勒成一书。	帝纪十四，志二十，列传九十六，共一百三十卷。内容诮齐氏，而于魏多不平；既党北朝，又厚诬江左。	其书多诮讳不平，世号"秽史"（《文献通考》《陔余丛考》）。

---

① 十余　底本脱，据《魏书》（p.815）补。
② 五　底本作"三"，据《魏书》（p.1071）改。
③ 百　底本脱，据《魏书》（p.1071）改。
④ 允　底本作"无"，据《史通》（p.332）改。
⑤ 纪　底本作"记"，据《史通》（p.332）改。
⑥ 元　底本作"王"；辨　底本脱，据《魏书》（p.448）改、补。

续表

史书名称	撰述人	渊源	内容概要	得失批评
《北齐书》	唐李百药撰。半官撰。	先祖孝征有《黄初传天录①》，陆元规有《皇帝实录》，王劭有《齐志》，百药父德林在齐尝撰纪传，均为百药所本（王鸣盛、刘知幾说）。	共五十卷，内本纪八，列传四十二，无志。晁公武《读书志》称，此书残缺不完。今本列传之中无论赞者十九卷，有赞无论者一卷，有论无赞者五卷，传文亦多补缀而成（见《十驾斋养新录》）。	杭世骏《诸史然疑》称，李百药文章之士②，语多妆点。

① 天录　底本脱，据《史通》（p.336）补。
② 士　底本作"工"，据《诸史然疑》（p.29）改。

续表

史书名称	撰述人	渊源	内容概要	得失批评
《周书》	唐令狐德棻主编，共事者有岑文本等四人①。官撰。	宇文周史，大统年有柳虬兼领著作。隋开皇中，牛弘作《周纪》十八篇②。唐贞观初，敕秘书丞令狐德棻作之③。	本纪八，列传四十二，共五十卷。《简明目录》称，《周书》残缺亦甚多。取《北史》以补亡，又多所窜乱。德棻之原本，遂不可辨。	《史通》称，其书文而不实，华而不检④，真迹甚寡，客气尤繁⑤。使周氏一代之史，多非实录。

---

① 四　底本作"十七"，据史实改。

② 弘　底本作"宏"，据《史通》（p.337）改。

③ 丞　底本作"监"，据《史通》（p.337）改。

④ 华而不检　《史通》（p.462-463）作"雅而无检"。

⑤ 繁　《史通》（p.463）作"烦"。

史书名称	撰述人	渊源	内容概要	得失批评
《隋书》	唐魏徵撰。徵作序、论，长孙无忌等作志。《五行志》序相传是褚遂良作，《天文》《律历》《五行》三志传出李淳风手。官撰。	王劭有《书》八十卷，王胄有《大业起居注》。唐敕颜师古、孔颖达撰《隋书》五十五卷，魏徵等又据以作《隋书》。	纪五，列传五十，志三十，共八十五卷。《隋书》十志本名"五代史志"，盖当时五史并修，故志亦该五代，以《隋书》居末，故列之《隋书》之中。今称《隋志》，盖失其实。	《四库书目提要》称，《经籍志》编次无法，述经学源流每多舛误，然东汉以后之艺文，惟藉是以考见源流、辨别真伪，亦不以小疵为病矣。
《南史》《北史》	唐李延寿撰。私撰。	《书录解题》称，延寿父大师多识旧事，以六朝南北分隔，欲仿《吴越春秋》体，编年纪之，有宋、齐、梁、魏四朝史。延寿修史时沈约《宋书》、萧子显《齐书》、魏收《魏书》皆已流布，五史虽未颁行，而延寿在同修之列，故得抄录以为底本，而参考杂史以成书。	《南史》八十卷，本纪十，列传七十。《北史》一百卷，本纪十二，列传八十八。	《南》《北》两史虽同出一手，而义例颇为两歧。大抵《南史》因四史旧本稍为删减，补缺者少。《北史》则较《南史》用力尤深，如周则补《文苑传》，齐则补《列女传》（《简明目录》）。

续表

史书名称	撰述人	渊源	内容概要	得失批评
《旧唐书》	石晋宰相刘昫等撰①。官撰。	晋开运间，张昭远上新修《唐书》二百三卷②。天福中，又重修③。唐自高祖至代宗有纪传，德宗亦存实录④。梁龙德元年⑤，求会昌以后公私遗迹，庾传美在成都得《九朝实录》，因缀辑而成书。	帝纪二十，列传一百五十，志三十，共二百卷。	赵翼称，穆宗以前尚存书法，穆宗以后竟似腐烂朝报。《四库提要》称，长庆以前简而有体，叙述详明；长庆以后语多支蔓，多述官资，曾无事实。

① 昫 底本作"煦"，据史实改。参见下条校勘记。

② 三 底本作"二"。《旧五代史》（p.1108）载，开运二年六月乙丑，"监修国史刘昫、史官张昭远等以新修《唐书》纪、志、列传并目录凡二百三卷上之"。据改。

③ 此处表述有误。《旧唐书》"出版说明"（p.1）云："后晋高祖天福六年（公元九四一年）才正式开始编修，到出帝开运二年（公元九四五年）修成。"

④ 亦 底本作"有"。《五代会要》（p.230）云，天福六年二月，起居郎贾纬奏曰："伏以唐高祖至代宗，已有纪传。德宗亦存实录。武帝至济阴废帝凡六代，唯有《武宗录》一卷，余皆阙略。臣今搜访遗文及耆旧传说，编成六十五卷，目为《唐朝补遗录》，以备将来史官条述。"据改。

⑤ 元 底本作"六"，据《廿二史劄记校证》（p.340）改。

史书名称	撰述人	渊源	内容概要	得失批评
《新唐书》	宋欧阳修、宋祁同撰。《史策拾遗》称,《方镇》《百官表》出于梅尧臣,《律吕》《五行志》出于刘羲叟①,欧公成之。官撰。	《新唐书》以旧书成于五代文气卑陋之时,纪传失中②,论多俪语,乃作《新唐书》。	今《新唐书》二百二十五卷,本纪十,表十五,志五十,列传一百五十。但《宋史·艺文志》作二百五十五卷,不知何故,其互异亦不可考。《简明目录》亦作二百五十五卷,较《旧书》多《兵志》《选举志》,列传中多公主一门、奸臣一门,又增《宰相表》《方镇表》《宗室世系表》等。	王鸣盛云,《新书》最佳者志、表,列传次之,本纪最下。《旧书》则纪、志、传美恶适相等。顾炎武则称,《新书》简而不明,多逊《旧书》。

---

① 刘羲叟 底本作"则"。《宋史·刘羲叟传》(p.12838)云:"及修《唐史》,令专修《律历》《天文》《五行志》。"据改。

② 纪传失中 《直斋书录解题》(p.103)云"纪次无法,详略失中"。

续表

史书名称	撰述人	渊源	内容概要	得失批评
《旧五代史》（赵翼曰："宋太祖开宝六年四月，诏修梁唐晋汉周书，其曰'五代史'者，乃后人总括之名也。"）	宋薛居正主编，同修者有李昉等。官撰。	本各朝实录为书。王鸣盛曰，薛史本之实录者居多。陈振孙《书录解题》：载后唐庄宗、明宗①、废帝，晋高祖、少帝，汉高祖②、隐帝，周太祖、世宗，凡九主。	帝纪六十一，志十二，列传七十七，目录二，共一百五十二卷。金章宗时，诏止用《新五代史》，于是《旧五代史》渐散轶。清《四库》系从《永乐大典》中甄纂而出，以传于今。	《简明目录》：《旧五代史》，自《新史》立于学官，其书逐渐散轶，然《新史》惟主褒贬，事迹始末，究不及旧书之赅备也。
《新五代史》	宋欧阳修撰。私撰。	赵翼云，欧史虽多据薛史旧本，然采证极博，不专恃薛本也。宋初薛史虽成，而各朝实录具在，宋初诸臣记五代事者尤多。	共七十四卷，本纪十二，考三，世家、年谱十③，列传四十五，附录（《四夷传》）三。	《养新录》讥其病在貌学《春秋》。杨慎称④，学《史记》而有失。《四库提要》惜其无政、刑等志。

---

① 宗　底本作"帝"，据《直斋书录解题》（p.126）改。

② 祖　底本脱，据《直斋书录解题》（p.127）改。

③ 底本"十"后衍"一"，据史实删。

④ 底本"称"前衍"修"。杨慎《丹铅总录校证》卷一一（p.424）有"五代史学史记"条。据删。

续表

史书名称	撰述人	渊源	内容概要	得失批评
《宋史》	元脱脱等撰，柯维骐以下，屡有改修。官撰。	赵翼称，宋亡后，董文炳在临安，主留事，曰："国可灭，史不可灭。"遂以宋史馆诸记注①，尽归于元都，储国史院。此宋史旧本也。修辑非一次，至脱脱而定。	本纪四十七，表三十二，志一百六十二，列传二百五十五，共四百九十六卷。	孔欧孟云，《宋史》失之太繁，然南宋以后《文苑》仅载数人，《循吏》竟至阙如，是仍失之略矣。
《辽史》	同前。	熙宗时已有《辽史》，章宗又修之。初修史时，不过仍其旧文，稍为编次（赵翼说）。	本纪三十卷，志三十二②，表八，列传四十六卷，共一百十六卷。	《简明目录》云，辽制，国人著作不得传于邻境，故五京兵燹，荡然无存。脱脱修史之时，无可考据，故颇伤疏略。
《金史》	同前（顾炎武云："《金史》大抵出刘祁、元好问二君之笔。"）	赵翼称，女真初无文字，然宗翰好访问女真老人，多得先世遗事。天会间，令完颜勖与耶律迪延掌国史，综为三卷，为《金史》所本。	本纪十九，表四，志三十九，列传七十三，共一百三十五卷。	赵翼云，《金史》文笔最简洁，征文考献，较《宋》《辽》二史为最优。

① 诸记注　底本作"注诏记"，据《廿二史劄记校证》（p.494）改。
② 二　底本作"一"，据史实改。

续表

史书名称	撰述人	渊源	内容概要	得失批评
《元史》	明宋濂（《陔余丛考》云，《元史》两次修成：今三十二卷以前①，当是第一次呈；三十三卷以后，则是第二次进呈者）。官撰。	元世祖中统三年，始诏王鹗等议史事②，以先朝事付史馆。至元十年，又敕集事迹，撒里蛮进累朝实录。成宗时，兀都带等进太宗、宪宗、世祖实录。内廷记载有《圣武开天记》。其后虞集总裁《辽》《金》《宋》三史，成《经世大典》。郭守敬有《水利书》等，均为《元史》所本。	本纪四十七，表八③，志五十八④，列传九十七，共二百一十卷。	明初宋濂、王祎等奉诏裁定《元史》，其为书更劣于《宋史⑤》。一人而彼此立传，重复贻讥。诸志直同胥钞、胥吏文移。俗言伪事不知改正。盖由告竣期迫，一朝之典仅六日而成⑥，宜其舛谬滋甚也（檀氏萃说）。
《新元史》	民国柯劭忞作。私撰。	根据旧《元史》及诸笔记、杂史而成。	本纪二十六，表七⑦，志七十⑧，列传一百五十四⑨，共二百五十七卷。	人名、地名、官名颇能校旧史之失。

————————————

① 二 底本作"三"，据《陔余丛考》（p.327）改。
② 底本"王"前衍"宗"，据《廿二史劄记校证》（p.649）删。
③ 八 底本作"六"，据史实改。
④ 八 底本作"三"，据史实改。
⑤ 史 底本脱，据文意补。
⑥ 实际上，《元史》"两次纂修，历时仅三百三十一天"（《中国通史》第8卷《中古时代·元时期》上册，p.2）。
⑦ 底本"七"前衍"十"，据史实删。
⑧ 七 底本作"二"，据史实改。
⑨ 五 底本作"四"，据史实改。

续表

史书名称	撰述人	渊源	内容概要	得失批评
《明史》	清张廷玉撰。官撰。	《明史》修于康熙时，去前朝未远，见闻尚接，故事迹原委多得其真。康熙十七年，用博学鸿词诸臣分撰《明史》①，阅六十年而迄事。	本纪二十四，表十三，志七十五，列传二百二十，共三百三十二卷。	赵翼称，详明既协于中，褒贬亦至于善。

---

① 诸（諸）臣　底本作"馆（館）"；史　底本作"事"，据《廿二史劄记校证》（p.721）改。

第二章 ○

编年史

　　《史记》以前的古史体制，以编年为多。因为"春秋"为史之名，即由编年而来。编年者，以时为纲；一年有四季，约言而称春秋。所以"春秋"两字可以代岁时。《诗》"春秋匪解"，可以代年岁；《九辩》"春秋逴逴而日高兮"，注以"年齿"释"春秋"两字。《二十二史策案》中说：

　　　　杜元凯曰：《春秋》者，鲁史记之名也。焦氏循曰：孔颖达谓周世法，每国有史记，同名《春秋》。按，《墨子》书称"吾见百国《春秋》"，又云著在周之《春秋》，著在燕之《春秋》，著在宋之《春秋》，著在齐之《春秋》，则孔氏以为每国史同名《春秋》，似矣。

这许多史书均名"春秋"，其为编年体可知。《史策拾遗》："述史之体有三：编年、纪传、实录也。编年之法，咸以为创自左氏。考之《竹书纪年》，起黄帝，终赧王，编年相次。然则古史正法，咸依《春秋》之体，其来固已久乎？"他也承认古史编年之体，由来已久，但以为编年之史之最早的，是《竹书纪年》一书。

《竹书纪年》，系得之于冢中者。《晋书·束皙传》，晋太康二年，汲郡人发魏襄王冢，得古书七十五篇，中有《竹书纪年》十三篇。然传中又言得于魏安釐王冢。而杜预《左传后序》又云得之于哀王。诸说不一。《简明目录》："是书称魏之史记，由汲郡人发冢而得，《晋书》具载其事，沈约作注，隋唐亦载其名；然证以诸书所引，与今本多不相符，注文亦多剿取《宋书·符瑞志》，盖又依托之伪本，以流传已久存之耳。"《养新录》："《晋书·束皙传》称《竹书》之异云，益干启①位，启杀之。《史通》引《竹书》云，益为后启所诛。今本《竹书》云：夏启二年，费侯伯益出就国；六年伯益薨。与束皙、刘知幾所引全别。然则今之《竹书》，乃宋以后人伪托，非晋时所得之本也。"又说："《晋书·束皙传》云：《纪年》十三篇，记夏以来，至周幽王为犬戎所灭，以晋事接之，三家分仍述魏事，至安釐王之二十年。据此知《纪年》实始夏后，今本乃始于黄帝，亦后人伪托之一证也。"《四库书目提要》辨之尤详，以为或系明人钞合诸书为之，如《十六国春

---

① 启　底本作"天"，据《史通笺注》（p.787）改。

秋》。观其以《春秋》合夏正，断断为胡传盛行以后之书。沈约之注，亦系伪托。据此，则现存之《竹书纪年》，决非我国最早之编年史的原本。因此编年史之祖当推《春秋》。《史通·六家》篇中一家为春秋家，其论曰：

> 春秋家者，其先出于三代。案，《汲冢琐语》记太丁时事，目为《夏殷春秋》。孔子曰："疏通知远，《书》教也"；"属辞比事，《春秋》之教也"。知《春秋》始作，与《尚书》同时。《琐语》又有晋《春秋》记献公十七年事，《国语》云晋羊舌肸习于《春秋》，悼公使傅其太子。《左传》昭二年，晋韩宣子来聘，见鲁《春秋》，曰周礼尽在鲁矣。斯则"春秋"之目，事匪一家，至于隐没无闻者，不可胜载。又案《竹书纪年》，其所纪事，皆与鲁《春秋》同。孟子曰："晋谓之《乘》，楚谓之《梼杌》，而鲁谓之《春秋》，其实一也。"然则《乘》与《纪年》《梼杌》，其皆《春秋》之别名者乎。故墨子曰："吾见百国《春秋》。"盖皆指此也……儒者之说《春秋》也，以事系日，以日系月。言春以包夏，举秋以兼冬，年有四时，故错举以为所记之名也。

《春秋》一书，一向列入经部，因为它是孔子的作品。《汉志》入六艺略，以后均入经部；其实为编年史之祖。它起于鲁隐公元年，至哀公十四年获麟绝笔。《春秋纬·演孔图》曰："孔子作《春秋》，九月而成，卜之得阳豫之卦。"《文献通考》："司马迁言《春秋》文成数万。张晏曰：《春秋》才万八千字，迁误也。今细数之，更阙一千四百二十八字。"《孝经钩命决》曰："《春秋》策长二尺四寸，书之。"服虔曰："《春秋》古文家书，一简八字。"陆德明《经典释文》曰：

> 诸侯亦有国史，《春秋》即鲁之史记也。孔子应聘不遇，自卫而归。与鲁君子左丘明，观书于太史氏[①]。因鲁史记而作《春秋》，褒善黜恶，勒成十二公之经，以授弟子。弟子退而有异言。丘明恐弟子各安其意，以失其真。故论本事而为之传，明夫子不以空言说经也。及末世口说流行，故有公羊、穀梁、邹氏、夹氏之传，邹氏无师，夹氏有录无书，故不显于世，惟公羊、穀梁、左氏三传，至今犹存。

依上一说，则《左传》之作，在《春秋》之后不远。但《左传》之真伪颇成问题，从文字上看来，并非释经之传。《文献通考》谓《左传》非孔子所称左丘明，以其书称"虞不腊矣""见于尝酎"及秦"庶长"，皆战国后制，疑别是一人为史官者。《困学纪闻》

---

① 太　底本作"大"，据《经典释文序录疏证》（p.102）改。

载，王介甫亦疑左氏为六国时人者十一事，又刘炫谓《国语》非丘明作。叶少蕴曰：古有左氏、左丘氏。太史公称"左丘失明，厥有《国语》"。今《春秋传》作左氏，而《国语》为左丘氏，不得为一家，文体亦自不同。又《书录解题①》春秋类《左氏释》专辨左氏有韩、魏、赵杀智伯事，去孔子六七十年，决非丘明。依清代今文学者之主张，或以为《左传》是从《国语》中抽出来的，或以为由于刘歆的伪造。总之，《左传》的确不是一部解《春秋》的书。而刘知幾却以为是编年之祖，立为六家之一，称"左传家"。

作《公羊传》的人名高，姓公羊。《困学纪闻》以其中如"登来""化我"，多齐言，故定为齐人。其书多灾异之说。王引之《经义述闻》云："《公羊春秋》记灾异者数矣……皆流入占验之学，而考之《榖梁》，则绝无此语，岂非王充《论衡》所谓'语增'者欤？"作《榖梁传》的人姓榖梁。《困学纪闻》云："榖梁子或以为名赤，或以为名俶，云秦孝公时人。"今按，传载尸子之语，尸佼与商鞅同时，故以为秦孝公时人，然不可考。又小颜《艺文志注》云名喜；名赤，见《风俗通》；名俶，字元始，见阮孝绪《七录》。郑康成称其善于经。《困学纪闻》又论其得失云：

---

① 解题　底本作"题解"，据上文改。

三传皆有得于经，而亦有失焉。《左氏》善于礼，《公羊》善于谶，《穀梁》善于经。郑康成之言也。《左氏》艳而富，其失也诬；《穀梁》清而婉，其失也短；《公羊》辨而裁，其失也俗。范宁之言也。《左传》之义有三长，二传之义有五偏。刘知幾之言也。《左氏》拘于赴告，《公羊》之牵于谶纬，《穀梁》穷于日月。刘原父之言也。《左氏》失之浅，《公羊》失之险，《穀梁》失之迂。崔伯直之言也[①]。《左氏》之失专而纵，《公羊》之失杂而拘，《穀梁》不纵不拘，而失之随。晁以道之言也。事莫备于《左氏》，例莫明于《公羊》，义莫精于《穀梁》；或失之诬，或失之乱，或失之凿。胡文定之言也。《左氏》传事不传义，是以详于史，而事未必实；《公》《穀》传义不传事，是以详于经，而义未必当。叶少蕴之言也。《左氏》史学，事详而理差；《公》《穀》经学，理精而事误[②]。朱文公之言也。学者取其长，舍其短，庶乎得圣人之心矣。

此三传之中，《左传》为古文经，《公羊》《穀梁》为今文。《公羊》得立学官最先，《穀梁》次之，《左氏》最后。隋末唐初，《左氏》之学特盛。

自司马迁作《史记》，于是《春秋》编年之体，一变而为纪

① 崔 底本作"审（審）"，据《困学纪闻注》（p.856）改。
② 精 底本作"争"，据《困学纪闻注》（p.857）改。

传。至汉献帝以班固书文烦难省，乃诏侍中荀悦依《左氏传》体，删为《汉纪》二十篇。命秘书给纸笔，经五六年乃就。其言简要，与纪传并行（见《史通》）。《史策拾遗》曰："荀淑孙悦，字仲豫，为《汉纪》三十卷。"其自序曰：立典有五志[1]，曰达道义、章法式、通古今、著功勋、表贤能。文约事该，时称"嘉史"。因此，在《春秋》后，著名的编年史，有荀悦《汉纪》一书。《史通·六家》篇左传家以荀《纪》为首。《二体》篇又称："荀悦厌其迂阔，又依左氏成书，剪截班史，篇才三十，历代宝之，有逾本传。"非常推重。唐人试士，以《汉纪》与《史》《汉》为一科。《文献通考》载李焘（宋人）跋云：

> 悦为此纪，固不出班书，亦时有所删润，而谏大夫王仁、侍中王闳谏疏，班书皆无之。又称司马光编《资治通鉴》，书太上皇事及五凤郊泰畤之月，要皆舍班而从荀。盖以悦修《纪》时，固书犹未舛讹。又称其"君蘭""君蕳"，"端""瑞"，"興""譽"，"寬""竟"诸事[2]，与《汉书》互异者，先儒皆两存之。王铚作《两汉纪后序》，亦称荀、袁二《纪》，于朝廷纪纲、礼乐刑政、治乱成败、忠邪是非之际，指陈论著，每致意焉。

---

① 典　底本作"与（與）"，据《汉纪》（p.1）改。
② 興　底本作"与（與）"，据《文献通考》（p.5593）改。

《汉纪》之后，晋袁宏有《后汉纪》。《晋书》："袁宏，字彦伯。父勖，临汝令……谢尚时镇牛渚……引宏参其军事……后出为东阳郡……撰《后汉纪》三十卷。"王鸣盛云：

> 袁宏《后汉纪》三十卷，其体例论断，全仿荀悦《前汉纪》为之。但悦书在班之后，全取班书可也。宏书则在范之前，然亦皆范书所有，范所无者甚少，何耶？宏自序云：余尝读后汉书，烦秽杂乱，睡而不能竟也[①]。聊以暇日，撰集为《后汉纪》，其所掇合谢承书、司马彪书、华峤书、谢沈书、汉山阳公记、汉灵献起居注、汉名臣奏，旁及诸郡耆旧先贤传，凡数百卷，前史阙略多不叙次，错谬同异，谁使正之。经营八年，疲而不能定，始见张璠所撰书[②]，其言汉末事差详，故复撰而益之。据此，则宏所采者，亦云博矣。乃竟少有出范书之外者，然则诸书精实之语，范氏摭拾已尽也。

《四库提要》对《后汉纪》也有称誉的话："此书则抉择去取，自出鉴裁，抑又难于悦矣。刘知幾《史通·正史》篇，称世言汉中兴，作史者惟袁、范二家，以配蔚宗，要非溢美也。"

其后晋习凿齿有《汉晋春秋》。《晋书》：凿齿字彦威，为荣

---

① 睡 底本作"明"，据《十七史商榷》（p.420）改。
② 璠 底本作"播"，据《十七史商榷》（p.420）改。

阳太守，在郡著《汉晋春秋》，起汉光武，终晋愍帝。干宝有《晋纪》。《晋书》："干宝，字令升……祖统，吴奋武将军……以才器召为著作郎……领国史……著《晋纪》，自宣迄愍[1]，凡二十卷……直而能婉。"孙盛有《晋阳秋》三十二卷，讫哀帝。宋永嘉太守檀道鸾撰《续晋阳秋》二十卷（浦起龙曰：按《宋书·州郡志》，晋简文郑太后讳春，改春曰阳，是知凡曰阳秋，本皆春秋也）。至唐杜延业有《晋春秋略》。《书录解题》："先是孙盛著《晋阳秋》，檀道鸾续之，杜延业合而为一。兼采王隐而下诸书，及诸书传纪与萧芳等《三十国春秋》，删缉为此书，盖亦迹荀悦《汉纪》而成者也。"

又有《元经》十卷，旧本题隋王通撰。其书《唐志》不录，《书录解题》称为阮逸伪托："《元经》咸谓出于文中子。然考神尧讳'渊'，其祖景皇讳'虎'。故《晋书》戴渊、石虎皆以字行。薛收唐人，于传称'戴若思''石季龙'宜也[2]。《元经》作于隋世，不应以隋世之书避唐人之讳。而太兴四年，亦书曰'若思'，何哉？殆阮逸之伪托也。"因此书宋代出于阮逸家，故晁公武亦有此断语。按陈师道《后山谈丛》、何薳《春渚纪闻》、邵博《闻见后录》，均称阮逸曾作此书。其书始于晋太熙元年，终于隋开皇九

---

① 自宣迄愍 《晋书·干宝传》（p.2150）为"自宣帝迄于愍帝五十三年"，此处有简省。

② 石季 底本作"李"，据《直斋书录解题》（p.111）改。

年，凡九卷，称为通之原书。末一卷自隋开皇十年，迄唐武德元年，称薛收所续。而《文献通考》载此书有十五卷，则今本又系阮伪作之残佚本了。《四库提要》载明邓伯羔《艺縠》称此书为关朗作。朗北魏孝文帝时人，何由书开皇九年之事。或因宋人纪关朗《易传》与此书同出阮逸，偶然误记耶。

宋尹洙又有《五代春秋》二卷。今已亡佚。《四库书目提要》编年存目类称："考邵伯温《闻见录》载欧阳修作《五代史》，尝约与洙分撰，此书或即作于是时。然体用编年，与修书例异，岂本约同撰而不果，后乃自著此书欤……笔削颇为不苟，多得谨严之遗意，知其《春秋》之学深矣。"

宋章衡又有《编年通载》四卷，此书《四库》未收。《四库未收书目》："按，陈直斋《书录解题》、晁公武《郡斋读书志》皆载此书，凡十五卷。此宋刊本四卷，前有明内府文渊阁印记。考之《明内阁藏书目录》云：'《编年通载》一册，不全。'宋元祐间起居舍人章衡撰进，断自帝尧，讫于宋治平丁未，三千四百年，推甲子以冠其首，凡十卷，其第五卷以下皆缺。首有元祐三年章楶刊书序一篇，楶乃衡之族父。又衡《进书表》一篇，自一卷帝尧起至四卷西晋世祖太康元年止，历代兴亡分合，开卷了如，是诚有裨于史学也。"

宋代编年史中之巨著，有司马光之《资治通鉴》。《文献通考》曰："司马光奉诏编集历代君臣事迹，上起战国，下终五代，又别为目录、考异、举要各一编。神宗赐名'资治通鉴'，御制序以冠其首。"《简明目录》："《资治通鉴》二百九十四卷，宋司马光撰，元胡三省注。光作此书，阅十九年乃成，故淹通贯穿，为史家绝作。朱子欲修纲目以掩之，迄不能掩。"非司马光一人独力而成。《文献通考》："公子康公休告其友晁说之曰：此书成，盖得人焉。若史记、前后汉，则刘贡父；三国历九朝而隋，则刘道原；唐迄五代，则范纯甫也。"其所采录，正史之外，所用杂史有二百二十二家。《文献通考》："楚汉事，则司马彪、荀悦、袁宏；南北朝则崔鸿《十六国春秋》、萧方等《三十国春秋》、李延寿《南史》《北史》，《太清记》亦足采，《建康实录》以下无讥焉。唐以来，柳芳《唐历》最可喜[①]，其他稗官野史，暨百家谱录、正集、别集、墓志、碑碣、行状、别传，亦不敢忽也。"又称，张新叟言洛阳有《资治通鉴》草稿两屋，黄鲁直阅数百卷，迄无一字草书，此温公所谓平生精力，尽于此书也。又司马光与宋次道书中称，自到洛阳，专以修《资治通鉴》为事，自课三日删一卷，有事故妨废，则追补。他作此书之目的，原以道德的眼光作标准。所以孝宗称它"法其所以兴，戒其所以亡"。全为帝王而作。编次旧事，作为纪年的长编。但工作颇伟大，故亦不失为一巨著。

---

① 历（歷）底本作"璧"，据《文献通考》（p.5601）改。

关于《通鉴》之评语颇多。王鸣盛说："史炤《通鉴释文》冯时行序谓，司马公不用纪传法律[①]，总叙历代，以事系年，粲然可考，虽无诸史可也。愚谓冯氏此言妄矣，纪传编年，横纵经纬，不可偏废。司马公虽欲上续《左传》，究以十七史为依藉，方能成《通鉴》，岂有正史可无之意在其胸次耶？"李方子曰："司马温公推本荀悦《汉纪》，以为《资治通鉴》一书，凡一千三百六十二年之事，珠贯绳联，粲然可考，而《春秋》编年之法始复，其功可谓伟矣。至于帝曹魏而寇蜀汉，帝朱梁而寇河东，黜中宗之号，与夫屈原、四皓之见削，扬雄、荀彧之见取，其于《春秋》惩劝之法，又若有未尽。"孔欧孟曰：《通鉴》之失，如石勒、姚兴之封拜，纪之太详；于荀淑则过褒，于王凝之则过贬，固不止符谶之未尽删，怪神之未尽正也。"这些议论，都是偏于迂拘的见解，固然《通鉴》也不见得是一部有史学价值的作品。

《通鉴》之失，在采取旧史之事，未加考虑。《日知录》载其改《史记》《汉书》文，与原文不合者甚多。同时承前史之误者亦复不少。如《周纪》"不十日而战胜存亡之机决矣"，胡三省注："而战"句断，"胜"下当有"负"字，此《通鉴》承《史记》原文而误。又《汉纪》"景帝四年冬十月戊戌，晦，日有食之"。胡三省注："李心传曰，汉景帝四年中，四年皆以冬十月日食，今

---

① 用 底本作"可"，据《十七史商榷》（p.1469）改。

《通鉴》书于夏、秋之后，盖编辑者自志中摘出，不思汉初以十月为岁首，故误系之岁末耳。"此误刘贡父言之，盖袭《汉书》原文而误。如此者甚多。《日知录集释》：

> 高帝二年立汉社稷，施恩德，赐民爵，置三老，定上帝山川之祀，四年初为算赋诏谳疑狱，十一年减省口赋下诏求贤，十二年为秦始皇……魏安釐王……公子无忌等置守冢……皆政事之大者，而《通鉴》皆不载。

又说：

> 晋安帝义熙十年，西秦乞伏炽盘灭南凉，虏其太子虎台，既而以虎台妹为后。至宋营阳王景平元年，后与虎台谋杀炽盘，事露见杀。而《通鉴》于义熙十年豫书杀虎台事，至景平元年十月，又详书之。唐贞观元年，突厥大雪，平地数尺，鸡畜多死，连年饥馑。一载之七月，又载之九月。武后以豆卢钦望为文昌右相①，在圣历二年，而神功元年、圣历二年，两书之。

---

① 望　底本脱，据《日知录集释》（p.1482）补。

又《日知录》注：

更始元年，李宪称淮南王。光武建武三年称帝，四年遣马成击宪①，宪亡。军士帛意追斩宪。封帛意为渔浦侯。《通鉴》于宪之称王、称帝书之，于马成破宪、帛意斩宪不书，是谓无尾。宋孝武帝大明五年立南、北二驰道，至孝武帝崩乃罢之。而《通鉴》但书罢，不书立，是谓无首。

这些都是《通鉴》的缺点。此外尚有《释例》二卷，亦称司马光所作。而宋刘恕又有《通鉴外纪》十卷，目录五卷，凡包羲以来纪一卷，夏纪商纪共一卷，周纪八卷。《四库提要》："修《资治通鉴》时，恕欲与司马光采宋一祖四宗实录四史为后纪，而撷周威烈王以前事迹为前纪，会遭忧遘疾，右股痹废，知远方不可得国书，后纪必不能就，乃口授其子义仲，以成此书，改名曰外纪。"宋李焘也有《续资治通鉴长编》五百二十卷②，今尚存《永乐大典》中。而仿《通鉴》之为后人所常道的，有朱熹的《通鉴纲目》。

《通鉴纲目》，实非创作。他自序中说："温公《通鉴》既成，又撮其精要之语，别为目录三十卷，并上之。晚病本书太详，目

---

① 成　底本作"城"，据《日知录集释》（p.1482）改。
② 编　底本作"篇"，据史实改。

录太简，更著《举要历》八十卷，以适厥中。绍兴中胡文定因公遗稿修成《举要补遗》若干卷，则其文愈约而事愈备矣。今辄与同志，因两公四书别为义例，增损隐括，以就此篇，盖表岁以首年，而因年以著统；大书以提要，而分注以备言。使夫岁月之久近、国统之离合、辞事之详略、议论之同异，通贯晓晰，如指诸掌。名曰'资治通鉴纲目'云。"朱熹作此书，如以正统予蜀，存中宗之纪年，均与《通鉴》不同，而其目的在扶助名教，仿《春秋》褒贬之例。全书只有凡例为朱熹自作，其余均系门人所订。《四库提要》：

> 朱子因司马光《资治通鉴》以作《纲目》。惟凡例一卷出朱子手；其纲皆门人依凡例而修，其目全以付赵师渊。

此外，编年之史，断代者有宋李心传之《建炎以来系年要录》、明胡粹中《元史续编》、明薛应旂《宋元资治通鉴》[①]；通史有明丘濬《世史正纲》等书。其书或已亡佚，或不易见，均不如《通鉴》与《纲目》的盛行。

---

① 宋　底本脱，据史实改。

第三章 ○

纪事本末史

自唐以前，史书但有纪传、编年两体，至宋袁枢而有纪事本末一体的创制。于是史书的体例，分而为三。《宋史·袁枢传》：

> 枢常喜诵司马光《资治通鉴》，苦其渊博，乃区别其事，而贯通之，号"通鉴纪事本末"。参知政事龚茂良得其书，奏于上。孝宗读而嘉叹，以赐东宫及分赐江上诸帅，且令熟读，曰："治道尽在是矣。"

但《简明目录》以为纪事本末的首创者或系章冲《春秋左氏传事类始末》。他说："冲与枢同时，是书以《左传》所载事迹，排比年月，各以类从，使节目相承者首尾完具，与枢《通鉴纪事本末》体例同。其孰创孰因，则不可考矣。"但《四库提要》辨之曰：

考冲与袁枢，俱当孝宗之时。枢排纂《资治通鉴》，创纪事本末之例，使端绪分明，易于循览。其书刊于淳熙丙申。冲作是书亦同斯体，据自序，刊于淳熙乙巳，在枢书之后九年，殆踵枢之义例而作。

那么"纪事本末"一体之始于宋代袁枢，殆无疑问了。

《通鉴纪事本末》共四十二卷，以一事为一篇，各详起讫，自为标题，每篇各编年月，始于三家分晋，终于周世宗的征淮南。记一千三百六十余年中事。杨诚斋为之序。朱熹对于此书颇为推重：

古史之体，其可见者，《春秋》而已。《春秋》编年通纪，以见事之先后；《书》则每事别纪，以具事之首尾。意者当时之史官，既以编年纪事，至于事之大者，则又采合而别纪之。若二典所纪，上下百有余年，而《武成》《金滕》诸篇，其所纪载，或经数代，或历数年，其间岂无异事？盖必已具如编年之史，而今不复见矣。故左氏《春秋》既依经以作传，复为《国语》二十余篇，国别事殊，或数十年而止，其意盖亦近《书》体，以相错综云尔。然自汉以来，为史者一用太史公纪传之法，此意固不复讲。至司马温公受诏纂述《资治通鉴》，然后一千三百六十二年之事编年系日①，如指诸掌。……
然一事之首尾，或散出于数十百年之间，不相缀属，读者病
之。今建安袁机仲作《通鉴纪事本末》一书，其部居门目始
终离合之间，皆曲有微意，于以错综温公之书，其亦《国语》
之流欤？

《四库全书总目提要》亦云：

> 枢所缀集，虽不出《通鉴》原文，而去取剪裁，义例极
> 为精密，非《通鉴总类》诸书，割裂扯捭者可比。

则其评价当在《通鉴》以上。袁枢之书之所以有史学的价值者，
即在编年、纪传之外，复有一新的编制法，在史学界中另立一帜。
而后世仿效之作，也是很多。

《春秋左氏传事类始末》，虽不以纪事本末名书，实则与袁书
同一体制。共五卷。《四库提要》称其"但以事类裒集，遂变经义
为史裁，于笔削之文，渺不相涉"。这是此书的长处。又宋徐梦莘
有《三朝北盟会编》②，引书一百二种，杂考私书八十四种，金国
诸录十种，共一百九十六种，记徽、钦、高三朝事，为断代的纪

---

① 系（繫） 底本作"聚"，据《全宋文》第250册（p.381）改。
② 盟 底本作"监"，据史实改。

事本末史。

继《通鉴纪事本末》之后的，每朝均有纪事本末之史。如明陈邦瞻有《宋史纪事本末》二十六卷。初，冯琦欲仿《通鉴纪事本末》之例，论次宋事，以续袁书，未成而卒。御史刘曰梧，得其遗稿，乃嘱邦瞻增订而成书。大抵本于琦者十之三，出于邦瞻者十之七。自太祖代周，迄文、谢之死，凡分一百九目。《四库提要》云：

> 袁枢义例，最为赅博，其镕铸贯串，亦极精密。邦瞻能墨守不变，故铨叙颇有条理。诸史之中，宋史最为芜秽，不似《资治通鉴》本有脉络可寻。此书部列区分，使一一就绪。其书虽稍亚于枢，其寻绎之功，乃视枢为倍矣。……于记载冗杂内，实有披榛得路之功。读《通鉴》者，不可无袁枢之书；读《宋史》者，亦不可无此一编也。

《元史纪事本末》二十七篇，四卷，亦陈邦瞻作。论者均谓不及《宋史纪事本末》。《简明目录》："其《律令》一篇，则臧懋循所补。所据惟《元史》及商辂《续纲目》，故不及《宋史纪事本末》之赅博。又元、明间事，皆以为宜入国史，并顺帝北行，关一代之兴亡者，亦删不录，殊多漏略。然于一代典制，则条析颇详。"

《明史纪事本末》八十卷，清谷应泰作。谷因张岱《石匮藏书》，排纂编次，分为八十篇，每篇论断均仿《晋书》之例，行以

骈偶。《四库书目提要》:

> 考邵廷采《思复堂集·明遗民传》[①],称山阴张岱尝辑明一代遗事,为《石匮藏书》。应泰作《纪事本末》,以五百金购请,岱慨然予之。又称明季稗史虽多,体裁未备,罕见全书;惟谈迁《编年》、张岱《列传》两家,具有本末,应泰并采之,以成《纪事》。据此,则应泰是编,取材颇备,集众长以成完本,其用力亦可谓勤矣。

类似《通鉴纪事本末》而为通史的纪事本末之书,尚有《绎史》一百六十卷,清马骕作。录开辟至秦事,首为世系图表,不入卷数;次太古十卷,次三代二十卷,次春秋七十卷,次战国五十卷,次别录十卷。仿袁枢《纪事本末》之例,每一事各立标题,详其始末。惟枢书排纂年月,镕铸成篇;此书则惟篇末论断,出骕自作。其事迹均博引古籍,排比先后,各冠本书之名;其相类之事,则随文附注;或有异同讹舛以及依托附会者,并于条下疏通辨证。其别录一为"天官",二为"律吕通考",三为"月令",四为"洪范五行",五为"地理志",六为"诗谱",七为"食货志",八为"考工记",九为"名物训诂",十为"古今人

---

① 廷 底本作"延",据《钦定四库全书总目》(p.683)改。

表"，全仍《汉书》之旧（以上见《四库书目提要》）。那么他的编制比袁枢的《通鉴纪事本末》，又有了变化了。

因章冲的《春秋左传纪事》而作的书，有清代高士奇之《左传纪事本末》。《四库书目提要》谓在章氏原书之上：

> 其例有曰"补逸"，则杂采诸子、史传与左氏相表里者。曰"考异"，则与左氏异词可备参订者。曰"辨误"，则纠其传闻失实、踳驳不伦者。曰"考证"，则取其事有依据可为典要者。又时附以己见，谓之"发明"。凡周四卷、鲁十一卷、齐十卷、晋十一卷、宋三卷、卫四卷、郑四卷、楚四卷、吴三卷、秦二卷、列国一卷，目如其卷之数。大致亦与冲书相类；然冲书以十二公为记，此则以国为记。与冲书相较，虽谓之后来居上可也。

此外专记一地之书，如《台湾纪略》；专记一事之书，如《平定三逆方略》；散记诸事如笔记之书，如《鸿猷录》，均是用纪事本末体来写成的。

纪传、编年、纪事本末三种史书之体裁中，以纪事本末体的书为最少。因为一则纪事本末体起于宋代，历史较短；二则中国文人均有好古之心，均有偏护编年、纪传的倾向，不肯随便用纪事本末体来写史书。实则纪事本末体的长处，实兼编年、纪传两者之长，不容以它历史的短促而忽视的。

第四章 ○

国别史

编年、纪传、纪事本末三种的不同，是因史书编制的方法而分别的。国别史、专史、杂史是依史书所述之内容而分别的。《四库书目提要》除纪传、编年、纪事本末三类之外，有杂史与别史之目。它解释别史道：

《汉·艺文志》无史名，《战国策》《史记》均附见于春秋。厥后著作渐繁，《隋志》乃分正史、古史、霸史诸目。然《梁元帝实录》，列诸杂史，义未安也。陈振孙《书录解题》创立"别史"一门，以处上不至于正史，下不至于杂史者①，义例独善，今特从之……《东观汉记》《东都事略》《大金国志》《契丹国志》之类，则先资草创；《逸周书》《路史》之类，则互

_____

① 至　底本作"止"，据《钦定四库全书总目》（p.686）改。

> 取证明；《古史》《续后汉书》之类，则检校异同。其书皆足相
> 辅，而其名则不可以并列，命曰别史，犹大宗有别子云尔。

它的所谓"别史"，乃是非正史之纪传史，同时也包括了国别史。又以《国语》一书入于杂史类，这分类法实不甚妥当。至于《国语》入杂史类的理由，据《隋书·经籍志》所说："其属词比事，皆不与《春秋》《史记》《汉书》相类，盖率尔而作，非史策之正也。"也嫌太近武断。按之实际，以国之界限而分别为史的史书——国别史，实以《国语》为最早。

《春秋》为鲁国之史，所记以鲁为主体，实即国别史之一种。但史学论者均推为编年之祖，故不具论。《国语》二十一篇，《汉书·艺文志》载于春秋类后，《汉书·律历志》称之曰"春秋外传"。王充《论衡》："《国语》，《左氏》之外传也；《左氏》传经，词语尚略，故复选录《国语》之词以实之。"刘熙《释名》："《国语》亦曰外传，《春秋》以鲁为内，以诸国为外，外国所传之事也。"但《国语》上自周穆王，下迄鲁悼公，与《春秋》时代不合；而所记之事，也与《春秋》无关。则外传之说实妄。而《崇文总目》又称：《春秋外传国语》，左丘明撰，韦昭解。李巽岩曰[①]："昔左丘明将传《春秋》，乃先采集列国之史，国别为语，旋

---

① 巽岩　底本作"寒巖"，据《文献通考》（p.5413）改。

猎其英华，作《春秋传》。而先所采集之语^①，草稿俱存，时人共传习之，号曰'国语'，殆非左丘明本志也。故其辞多枝叶，不若内传之简直峻健。"然而作《国语》者是否即作《左传》之人，则颇有问题。《困学纪闻》^②云：

> 刘炫谓《国语》非丘明作。叶少蕴云：古有左氏、左丘氏。太史公称左丘失明，厥有《国语》。今《春秋传》作左氏，而《国语》为左丘氏，则不得为一家，文体亦自不同，其非一家书明甚。左氏盖左史之后，以官氏者。朱文公谓左氏乃左史倚相之后，故其书说楚事为详^③。司马公谓左欲传《春秋》，先作《国语》，《国语》之文，不及《传》之精也。

《文献通考》："柳宗元撰《非国语》二卷，序云：左氏《国语》，其文深宏杰异^④，而其说多诬淫，惟学者溺其文采而沦于是非，本诸理作《非国语》。"他是不赞成《国语》之文理与记载的方法的。《困学纪闻》："汪端礼病柳子厚作《非国语》，乃作《非〈非国语〉》。东坡见之曰，久有意为此书，不谓君先之也。"

《国语》全书凡周语三、鲁语二、齐语一、晋语九、郑语一、

---

① 采　底本作"未"，据《文献通考》（p.5413）改。
② 纪　底本作"记"，据下文改。
③ 说　底本作"志（誌）"，据《困学纪闻注》（P.953）改。
④ 深宏　底本作"恢阔"，据《文献通考》（p.5413）改。

楚语二、吴语一、越语二。与《国语》体例相类者，有《战国策》。《崇文总目》："汉刘向录。旧号或曰'国策'，或曰'国事'，或曰'短长'，或曰'事语'，或曰'长书'，或曰'修书'。向以战国时游士辅所用之国为之策谋，宜为'战国策'。凡十二国，三十二篇。汉高诱注，鲍彪重校定。"按，《战国策》于高诱注外，宋姚宏、姚宽兄弟有注。《简明目录》：

> 《战国策注》三十二卷，旧本题汉高诱注。今考其书，实宋姚宏因诱注残本而补之。其中二卷至四卷、六卷至十卷，为诱原注，余皆宏所补注也。今分题二家之名，以存其实。又《汉·艺文志》，《战国策》与《史记》为一类，《隋志》《唐志》因之。晁公武《读书志》始改入子部纵横家，《文献通考》因。考班固称司马迁作《史记》，所据有《战国策》，则《战国策》当入史类，更无疑义。

《四库书目》所论亦同。其书错乱甚多。洪迈曰："刘向叙《战国策》，言其书错乱相揉[①]，莒本字多脱误为半字[②]，以'赵'为'肖'，以'齐'为'立'，如此类者多[③]。予按今传于世者，大抵

---

①　言　底本脱；揉　底本作"传（傳）"，据《容斋随笔》（p.640）改。

②　莒　底本作"旧（舊）"，据《容斋随笔》（p.640）改。

③　类（類）　底本作"义（義）"，据《容斋随笔》（p.640）改。

不可读。其《韩非子》《新序》《说苑》《韩诗外传》《高士传》《史记索隐》《太平御览》《北堂书钞》《艺文类聚》诸书所引用者，多今本所无。向博极群书[①]，但择焉不精，不止于文字脱误而已。惟太史公《史记》所采之事九十有三[②]，则明白光艳，悉可稽考，视向为有间矣。"

按《战国策》颇多遗佚，今本所无而为他书所引者甚多。姚宽《战国策后序》：

（他书引）《国策》者，如司马贞《索隐》五事：豫让击襄子之衣，衣尽血；吕不韦言周凡三十七王；白圭为中山将，亡六城，还拔中山；马犯谓周君；马犯谓梁王云"王病愈[③]"，作"瘉"字。《广韵》七事：晋有大夫芬质，音抚文切；芊千者著书显名[④]；安陵丑、雍门周[⑤]；中山大夫蓝诸[⑥]；晋有亥唐；赵有大夫辜贾[⑦]，音肇，训开也[⑧]；齐威王时有左执

---

① 极（極）底本作"采（採）"，据《容斋随笔》（p.640）改。
② 公　底本作"记"；三　底本作"二"，据《容斋随笔》（p.640）改。
③ 愈　底本作"逾"，据《全宋文》第198册（p.201）改。
④ 芊千　底本作"羊于"，据《全宋文》第198册（p.201）改。
⑤ 周　底本脱，据《全宋文》第198册（p.201）补。
⑥ 山　底本脱，据《全宋文》第198册（p.201）补。
⑦ 辜　底本作"康"，据《全宋文》第198册（p.201）改。
⑧ 开（開）底本作"门（門）"，据《全宋文》第198册（p.202）改。

法公旗番①。《玉篇②》一事：骧仰而喷，鼓鼻也。《太平御览》二事：涧若耶以取铜，破忠山而出锡；廊庙之橡非一木之枝，先王之法非一士之智③。《元和姓纂》一事：引《风俗通》云晋大夫芸贤。《春秋后语》二事：赵武灵王游大陵，梦楚女鼓瑟④；平原君躄者，注云：躄，李跛之名⑤。《后汉·地理志》一事：东城九门，注云：碣石山，在县界。《后汉》第八《赞》一事：廉颇为人勇鸷而好士。《艺文类聚》一事：苏秦为楚合从，元戎以铁为矢，长八寸，一弩十矢俱发。《北堂书钞》一事：楚人以弱弓微缴加归雁之上者⑥。徐广注《史记》一事：韩兵入西周，令成君辨说秦求救⑦。张守节《正义》一事：碣石九门，本有宫室以居⑧。旧《战国策》一事：罗尚见秦王曰：秦四塞之险，利于守，不利于战。李善注《文选》一事：苏秦说孟尝君曰：秦四塞之国。高诱注云：四面有山关之固，故曰四塞之国也。皆今本所无也。

---

① 番　底本作"蕃"，据《全宋文》第198册（p.202）改。
② 玉　底本作"王"，据《全宋文》第198册（p.202）改。
③ 士　底本作"国"；智　底本作"法"，据《全宋文》第198册（p.202）改。
④ 楚　底本作"数"，据《全宋文》第198册（p.202）改。
⑤ 李　底本作"孛"，据《全宋文》第198册（p.202）改。
⑥ 微　底本作"为（爲）"；加　底本作"如"，据《全宋文》第198册（p.202）改。
⑦ 说　底本作"诣"，据《全宋文》第198册（p.202）改。
⑧ 本　底本作"未"，据《全宋文》第198册（p.202）改。

《战国策》注家除高、姚、鲍氏之外，尚有吴师道《战国策校注》、王鏊《国策余论》、顾广圻《战国策释例》等书。内容有东周一、西周一、秦四、齐六、楚四、赵四、魏四、韩三、燕三、宋卫一、中山一。其事继《春秋》之后，讫楚汉之起，二百四十五年。向所校定称三十三篇，到《崇文总目》所载仅十一篇；宋曾巩复访求原书，重加订定，复为三十三篇。刘向序云："皆高才秀士，度时君之所能行，出奇策异智，转危为安，运亡为存，亦可喜，亦可观。"而曾氏讥之为"惑于流俗，而不笃于自信"。鲍彪则称其"具记一时事，善恶必书，无所抉择"。晋袁悦之还都，止此一书相随，说："天下要惟此书。"苏洵也常挟此书以自随，虽其二子，均不得见。足见后世文人对它的注意了。

《吴越春秋》，十卷，汉赵晔作。元徐天祜注①。记吴越两国兴亡始末。是书前有旧序，称《隋书·经籍志》《唐书·经籍志》皆称十二卷，今存者十卷，殆非全书。此书吴始太伯，终夫差；越始无余，终句践。《四库书目提要》云：

> 晔所述虽稍伤曼衍，而词颇丰蔚。其中如伍尚占甲子之日，时加于巳；范蠡占戊寅之日，时加日出，有腾蛇青龙之语；文种占阴画六、阳画三，有"元武""天空""天关""天

---

① 祜　底本作"佑"，据史实改。下文径改。

梁①""天一""神光"诸神名：皆非三代卜筮之法，未免多所附会。至于处女试剑、老人化龙、公孙胜二呼三应之类，尤近小说家言。然自是汉晋间稗官杂记之体。徐天祜以为不类汉文，是以班、马史法求之也。

《华阳国志》十二卷，晋常璩撰。《新唐书》作十三卷。始于开辟，终永和三年。首为巴志，次汉中志，次蜀志，次南中志，次公孙、刘二牧志，次刘先主志，次刘后主志，次大同志（大同者，记汉、晋平蜀之后事也），次李特、雄、期、寿、势志，次先贤、士女总赞，次后贤志，次序志，次三州士女目录。《十六国春秋》，旧本题魏崔鸿作。鸿书自《崇文总目》，已不著录。今本乃明屠乔孙、项琳所伪作，故与《史通》所称不合。钱大昕《十驾斋养新录》：

> 今世所传《十六国春秋》，凡两本，其实赝本也。考《宋史·艺文志》、《崇文总目》、晁陈马三家书目，不载鸿《十六国春秋》，则鸿书失传已久。龚颖《运历图》载前凉张寔以下皆改元。晁氏不知所据。或云出崔鸿《十六国春秋》。鸿书久不传于世，莫得而考焉。是宋人已无见此书者。明人好作

---

① 天　底本作"家"，据《钦定四库全书总目》（p.904）改。

伪书，自具眼者观之^①，不值一哂耳。又考《北史·崔鸿传》，鸿既为《春秋》百篇，别作序例一卷、年表一卷，今本无序例、年表。又鸿子元奏称亡考刊著赵、燕、秦、夏、西凉、乞伏、西蜀等遗载，为之赞序褒贬评论；今本有叙事而无赞论。此其镈漏之显然者。

《蛮书》十卷，唐樊绰作。盖绰于咸通中为岭南节度使蔡袭从事^②，故记之甚悉。《四库全书总目提要》称之为舆志中最古之本^③。宋祁作《新史·南蛮传》、司马光《通鉴》载南诏事，多采用之。《江表志》三卷，宋郑文宝作，载南唐事，上卷纪烈祖，中卷纪元宗，下卷纪后主。《五国故事》二卷，不著撰人。钱塘厉鹗跋，以为吴越国人入宋所作。其书纪吴杨氏、南唐李氏、蜀王氏孟氏、南汉刘氏、闽王氏，称曰五国。《蜀梼杌》二卷，一名《外史梼杌》，宋张唐英作。王鸣盛曰："张唐英自序云：凡《五代史》所载者，皆略而不书。陆昭迴跋云：得见此书，系英宗治平四年。欧史熙宁五年始出，但亦藏中秘，未行人间。则此序所称，乃薛史也。然欧史《蜀世家》，与薛多同而较详，详观《梼杌》所书，凡薛史所载者亦多有之，与自序不相应。"

---

① 具　底本作"巨"，据《十驾斋养新录》（p.351）改。
② 袭　底本作"龚"，据《新唐书》（p.1508）改。
③ 舆　底本作"兴（興）"，据《钦定四库全书总目》（p.907）改。

《契丹国志》二十七卷，宋叶隆礼撰。凡帝纪十二卷，列传七卷，誓书、议书一卷，南北朝及诸国馈贡礼物数一卷，杂载地理及典章制度二卷，行程录及诸杂记四卷。钱曾《读书敏求记》称其书法谨严，笔力详赡，有良史风。《大金国志》四十卷，旧本题宋宇文懋昭撰。中取金太祖开国至哀宗九主一百十七年事迹，哀集成帙，凡纪二十六卷，开国功臣传一卷，文学翰林传二卷，杂录三卷，杂载制度七卷，许元宗奉使行程录一卷。此书可疑处甚多，或谓乃是元人之作，托名宇文，较为可信。《安南志略》十九卷，元黎崱撰。崱，安南人，至元中随陈键内附，键为安南所害，而崱归朝，乃述安南事迹为此书。与《元史》多有出入。《西夏事略》，旧题王称作。《朝鲜史略》六卷，无撰述人名姓。书中称李成桂为太祖，则当为明代之朝鲜人。所记始于檀君，终于高丽恭让王王瑶。自为高丽王建以后，则编年纪载，事迹颇详。《滇载记》一卷，明杨慎作。《四库提要》称，慎谪戍云南，乃纪滇域原始及各种姓族。

自海通以后，我国与外国往来颇繁，于是国别史遂多，自更不得不另立一目了。

第五章 ○

专史

　　《四库书目提要》史部子目，有"诏令奏议""传记""地理""职官""政书"等类，其实都是专史。专记政令之演变，专记一人之历史，专记地理之沿革，专记官职、政典之兴废，均是在专史范围以内的。近世更以纵的分析，有"哲学史""政治史""文学史""经学史"①诸名目。商务印书馆的文化史丛书即是在中国文化之总目下，又分化为若干项目，各作专史。所以专史与国别史的不同，一是依纵的来分类，一是依横的来分类。专史的功能，正在乎只求纵的叙述，能尽真尽美；横的分述，可以从略。

　　我国最早的专史，是《尚书》中的《禹贡》，可以说是专述禹治水时之地理的专史。其次《周礼》中的《职方氏》也专述山川

----

　　①　经学史　底本作"经史学"，据文意改。

形势。记政令最早的专史，是《汉官仪》与《汉官旧仪》。记人物之历史的最早之专书，为《晏子春秋》。记风俗的最早之专书，为应劭之《风俗通》。记时令最早之专书，为《礼记》之《月令》。试分四项述之。

（甲）记政仪与朝典之专史。《永乐大典》有《汉官旧仪》一卷，不著作者姓名。梁刘昭注《续汉书·百官志》，引用《汉官仪》，则曰应劭，引用《汉旧仪》，则不著其名。《书录解题》注曰卫宏撰，或云胡广，不知是否。《唐六典》三十卷，唐玄宗御撰，李林甫奉敕注。《简明目录》：

> 其书以三师、三公、三省、九寺、五监、十二卫，列其职司官俸，叙其品秩，以拟《周礼》，凡令式皆分入六司，其沿革则附见于注中。

程大昌《雍录》：唐世制度"皆在《六典》。或曰书成未尝颁用。今案《会要》，则牛僧孺奏升谏议为三品，用《六典》也。贞元二年，定著朝班次序，每班以尚书省官为首，用《六典》也。又其年窦参论祠祭，当以监察莅之，并援《六典》也。此类殆不胜述。草制之官每入院，必首索《六典》，则时制尽在故也"。

唐杜佑《通典》二百卷，盖以刘秩所作《政典》三十五卷为未详，乃广其所阙，凡分八门，曰食货、选举、职官、礼、乐、兵刑、州郡、边防。每门又分子目。自序称，既富而教，故先食货。行教化在设官，任官在审才，审才在精选，故选举、职官次焉。人才得而治以理，乃兴礼乐，故次礼次乐。教化隳则用刑罚，故次兵刑。设州郡分领，故次州郡。而终之以边防。所载上溯黄虞，讫于唐之天宝。孔欧孟则云：

> 《通典》，李翰之序，以为至粹至精；宋祁之传，以为博而能约。然而节目未备，弃取欠精。析赋于田之外，杂贡于税之中；叙选举则秀、孝与铨选不分，叙典礼则经文与传注相汨；他若天文、五行、艺文、帝系，概无及焉。

乾隆三十二年作《续通典》，自唐肃宗至德元年，讫明崇祯末年，共一百四十四卷。凡选举六卷、职官二十二卷、礼四十一卷、乐七卷、兵十二卷、刑十六卷、州郡十八卷、边防四卷、食货十八卷。篇目一仍杜佑之旧；惟杜氏以兵制附刑后，此则兵、刑各为一篇。又同年敕作《清通典》，原名《皇朝通典》，共一百卷。以八门隶事，一如杜书之旧。

宋郑樵作《通志》，为通史体。凡帝纪十八、皇后列传二、年谱四、略五十一、列传一百二十五。其平生之精力则在二十略中。二十略是：氏族、六书、七音、天文、地理、都邑、礼、谥、器服、乐、职官、选举、刑法、食货、艺文、校雠、图谱、金石、

灾祥、草木昆虫。《简明目录》:

> 《通志》二百卷,宋郑樵撰,凡纪传一百四十五卷,略五十一卷。纪传及谱①,皆剿袭旧史,略为删润,殊无可观。迹其精华,惟二十略,而穿凿挂漏,均所未免;在《通典》《通考》之间,实未能鼎立。特以网罗繁富②,才辨纵横,遂与杜、马两家联镳文苑,今亦莫得而废焉。

乾隆三十二年奉敕作《续通志》五百七十二卷。二十略中变郑氏之例者有三:一为艺文略,郑氏但列卷数书名,而续书则补撰人名氏爵里;一为图谱略,郑氏原以索象、原学、明用三篇,续书则考其存佚,删除诸名,以经学、天文等为子目;一为昆虫草木略,续书补遗正误,考证较精。

同年又修《清朝通志》(原名《皇朝通志》)二百卷。二十略之目,与郑书同。而纪传、年谱则省而不录,每略之中,亦多有出入。

《文献通考》三百四十八卷,元马端临作。此书凡田赋考七卷、钱币考二卷、户口考二卷、职役考二卷、征榷考六卷③、市籴

---

① 纪　底本作"记",据《四库全书简明目录》(p.149)改。
② 网(網)　底本作"纲(綱)",据《四库全书简明目录》(p.149)改。
③ 榷　底本作"摧",据《文献通考》(p.395)改。

考二卷、土贡考一卷、国用考五卷、选举考十二卷、学校考十二卷、职官考二十一卷、郊社考二十三卷、宗庙考十五卷、王礼考二十二卷、乐考二十一卷、兵考十三卷、刑考十二卷、经籍考七十六卷、帝系考十卷、封建考十八卷、象纬考十七卷、物异考二十卷、舆地考九卷、四裔考二十五卷。其书以《通典》为蓝本，而经籍、帝系、封建、象纬、物异五门，则《通典》所未有。马氏自序云：

> 唐杜岐公始作《通典》。肇自上古，以至唐之天宝。凡历代因革之政，粲然可考。其后宋白尝续其书，至周显德。近代魏了翁又作《国朝通典》。然宋之书成而传习者少，魏尝属稿而未成书，今行于世者，独杜公之书耳。天宝以后盖缺焉……凡叙事，则本之经史，而参之以历代会要以及百家传记之书，信而有证者从之，乖异传疑者不录，所谓"文"也；凡论事，则先取当时臣僚之奏疏，次及近代诸儒之评论，以至名流之燕谈、稗官之记录，凡一话一言，可以订典故之得失、证史传之是非者，则采而录之，所谓"献"也。

《续文献通考》有二：一为明王圻所作。其自叙云："贵舆氏（马端临）之作《通考》，穷搜典籍，以言乎文则备矣，而上下数千年忠臣、孝子、节义之流及理学名儒类皆不载[①]，则详于文而略于献。今既辑金、元史暨国朝典故，以续其后，而又增节义、书院、氏族、六书、谥法、道统、方外诸考，以补其遗。"一为乾隆十二年敕撰之《续文献通考》，三十七年成书二百五十卷。初议于马氏二十四门外，增朔闰、河渠、六书、氏族四门。嗣于乾隆三十二年诏修《五朝续通志》，以无庸复见，遂辍此四门[②]，仍从马氏之目。

《清文献通考》二百六十六卷（原名《皇朝文献通考》），加群庙一门，改二十四为二十五目。

《通典》《通志》《文献通考》，合称"三通"，加各部续书，有"六通"之名，再加清代之《通志》《通典》《通考》，合称"九通"。

此外如《唐会要》一百卷，宋王溥撰。凡分目五百十有四。又《五代会要》三十卷、《西汉会要》七十卷、《东汉会要》四十卷，宋徐天麟作。《明会典》一百八十卷、《清会典》一百卷，均是记录职官政令的专史。

（乙）记时令与风俗之专史。记时令、风俗之专史，在中国旧史中不可多见。记时令者，惟宋陈元靓之《岁时广记》四卷[③]。

---

① 理学　底本作"文字"，据王圻《王侍御类稿》卷七《续文献通考引》改。
② 辍　底本作"缀"，据文意改。
③ 靓　底本作"观"，据史实改。

其书《宋志》不录，惟见于钱曾《读书敏求记》中①。其中按月分隶，凡春令四十六条、夏令五十条、秋令三十二条、冬令三十八条。《四库提要》云：

> 大抵为启劄应用而设，故于稗官说部，多所征据；而《尔雅》《淮南》诸书所载，足资考证者，反多遗阙。未可以为善本。特其于所引典故，尚皆备录原文，详纪所出，未失前人遗意，与后来类书随意删窜者不同。

记风俗者，自《风俗通》以后，颇不多见，要亦散见于诸笔记、小说之中。宋宋敏求有《长安志》二十卷，以唐韦述《两京记》疏略不备②，乃博采群书，参校成此。凡城郭、风俗、物产，无不具录。司马光谓考之韦《记》，其详不啻十倍。今韦氏之书，久已亡佚。又《荆楚岁时记》一卷，旧题晋宗懔作。而《书录解题》则题为梁人。此书皆纪楚俗，录荆楚岁时风物、故事，自元日至除夕，凡二百余事。今本仅三十六事，盖已残缺。又宋范致明有《岳阳风土记》一卷，《四库提要》称其确有所据，叙述尤雅，在宋人风土书中，可谓佳本。

同记宋代京华风俗、事物的书，有宋孟元老之《东京梦华录》

---

① 读 底本作"续"，据史实改。
② 记 底本作"纪"，据下文改。

十卷。《四库提要》云："盖北宋旧人，于南渡之后，追忆汴京繁盛而作此书也。自都城、坊市、节序、风俗及当时典礼、仪卫，靡不赅载。虽不过识小之流，而朝章国制，颇错出其间。"又有耐得翁的《都城纪胜》，记杭州琐事，分十四门：市井、诸行、酒肆、食店、茶坊、四司六局、瓦舍众伎[①]、社会、园苑、舟船、铺席、坊苑、闲人、三教外地。叙述颇详，可以见南渡以后土俗、民风之大略。又有吴自牧的《梦粱录》[②]。此书仿《东京梦华录》之体，所记南宋郊庙宫殿，下至百工杂戏之事，委曲琐屑，无不备载。自牧自序："缅怀往事，殆犹梦也，故名'梦粱录'。"又有周密《武林旧事》，如孟元老之书而尤雅。此四书均是后人考订研究宋代风俗的必不可少之书。

元费著有《岁华纪丽谱》一卷，自元旦迄冬至，记其风俗，体似《荆楚岁时记》。清陈伦炯之《海国闻见录》，则专记太平洋诸国之风土者。虽与上述四书性质不同，但均为记风土之专史。

（丙）记地理之专史。《禹贡》《职方氏》之后，专记地理之书，有唐李吉甫之《元和郡县图志》四十卷。书前有吉甫原序，称起京兆府，尽陇右道，凡四十七镇，成四十卷。并目录两卷，共四十二卷。上此书时为元和八年，故名。《四库提要》云：

---

① 伎 底本作"使"，据《都城纪胜》（p.8）改。
② 粱 底本作"梁"，据史实改。下文径改。

舆记图经,《隋》《唐志》所著录者,率散佚无存;其传于今者,惟此书为最古,其体例亦为最善,后来虽递相损益,无能出其范围。

此后有宋乐史之《太平寰宇记》一百九十三卷,宋欧阳忞《舆地广记》三十八卷,宋祝穆《方舆胜览》七十卷。明、清均有一统志,均记地理之大纲。分述各地地理则有通志、府志、县志、郡志等书。记水则有元潘昂霄之《河源记》等。记山则有明裴仲孺之《武夷山志》等。记佛寺,则有魏杨衒之之《洛阳伽蓝记》等。

(丁)记人之专史。此类所记,不问政治,不问朝令,记录一时代人物之言行,或者一人的言行。经书中的《论语》《孟子》,实即孔子、孟子之小史;子书中的《庄子》《墨子》,实即庄周、墨翟之小史。但其书以记录其思想与有系统的学说为目的,故入子部。其他无系统之思想而为记人之专史,则入于此类。《隋书·经籍志》:

古之史官,必广其所记,非独人君之举……自公卿、诸侯至于群士,善恶之迹,毕集史职。……皆有史传。自史官旷绝,其道废坏。汉初始有丹书之约、白马之盟。武帝从董仲舒之言,始举贤良文学。天下计书,先上太史,善恶之事,靡不毕集。司马迁、班固撰而成之,股肱辅弼之臣、扶义俶佻之士，皆有记录。而操行高洁、不涉于世者，《史记》独传夷、齐，《汉书》但述杨王孙之俦[1]，其余皆略而不说。又汉叶阮仓作《列仙图》，刘向典校经籍，始作《列仙》《列士》《列女》之传，皆因其志尚，率尔而作，不在正史。后汉光武始诏南阳撰作风俗，故沛、三辅有耆旧、节士之序，鲁、庐江有名德、先贤之赞。郡国之书，由是而作。

魏文帝又作《列异》，以序鬼物、奇怪之事；嵇康作《高士传》，以叙圣贤之风。因其事类，相继而作者甚众，名目转广，而又杂以虚诞、怪妄之说，推其本源，盖亦史官之末事也。

记多人言行最早可靠之专史，当为晋皇甫谧的《高士传》，凡三卷。《文献通考》："《高士传》纂自陶唐至魏八代二千四百余载，得九十六人，而东汉之士，居三之一。"《简明目录》则云："《高士传》三卷，原书本载七十二人，见《续博物志》。此本乃九十六人，盖原书散佚，后人摭《太平御览》所引，钞合成编，而益以所引嵇康《高士传》十条，《后汉·隐逸传》十条，故真伪参半，人数转多于原书也。"其次如南朝宋刘义庆的《世说新语》，记魏晋间人的风度，凡三十六目。高氏《纬略》[2]，载有题识，云："宋临川王义庆采撷汉晋以来佳事佳话，为《世说新语》，极为精绝。"

---

① 杨　底本作"扬"，据《隋书》（p.982）改。
② 纬　底本作"伟"，据史实改。

又云:"梁刘孝标注此书,引援详确,有不言之妙。"

又专记学术之史,则有清黄宗羲的《明儒学案》。梁启超称此书和全祖望修的《宋元学案》,是宋、元、明三朝学术的总记录。全书凡六十二卷,论明代学术的派别和渊源,颇为详尽。内分"崇仁学案""白沙学案""河东学案""三原学案""姚江学案""浙中王门学案""江右王门学案""南中王门学案""楚中王门学案""北方王门学案"等目。其凡例云,"是书搜罗颇广,然一人之闻见有限,尚容陆续访求",则作者自以为尚须补充。又云:"此非末学一人之事也。"以一人之力来负此艰巨,是不容易的事。

其他如元吴师道的《敬乡录》,记婺州人物;明宋濂的《浦阳人物记》,记浦阳人物二十五人。均系合多人而成书,或以风气,或以性情,或以地域。

单记一人之事而成专史的,一为年谱之属,如《孔子编年》、宋赵子栎《杜工部年谱》[①]、宋张栻《诸葛武侯传》、宋魏仲举《韩柳年谱》、明马峦的《温公年谱》;一为外传之类,如《赵飞燕外传》《杨太真外传》等等。

---

① 栎(櫟) 底本作"栋(棟)",据史实改。

第六章 ○

杂史

《隋书·经籍志》立"杂史"一门，其言曰："自后汉以来，学者多抄撮旧史，自为一书。或起自人皇，或断自近代，亦各其志，而体制不经。又有委巷之说，迂怪妄诞，真虚莫测。然其大抵皆帝王之事，通人君子必广采博览以酌其要[①]。故备而存之，谓之杂史。"《四库书目提要》则替"杂史"下一义界：

凡所著录，则务示别裁，大抵取其事系庙堂，语关军国，或但具一事之始末，非一代之全编，或但述一时之见闻，要期遗文旧事，足以存掌故，资考证，备读史者之参稽云尔。

它的义界是：（1）非一代之全编；（2）足以存掌故，资考证；

---

① 览 底本作"觅（覓）"，《隋书》（p.962）云"博采广览（覽）"，据改。

（3）事系庙堂，语关军国。

现在承认他上面两条，而第三条则不必顾及。即使论及风俗、社会情形，也是足以存掌故与资考证的。现在将杂史分成两类：（1）笔记，（2）考订或补缀正史之书。今分述之。

（1）笔记。笔记只是史料而非正式之史书，但其中确保存着许多可贵的史料。如唐余知古《渚宫旧事》，蒐录楚事，上起鬻熊，下至唐代。原本十卷，今仅存五卷。《两京新记》，唐韦述作，见《宋史·艺文志》及程大昌《雍录》。明郎瑛《七修类稿》：原本五卷。朱彝尊《书熙宁〈长安志〉后》云："《东西京记》，世无全书。"则清代已亡。宋曹勋《北狩见闻录》。曹氏以靖康二年二月从徽宗入金营，以建炎二年七月归至南京，述所见闻，为此书奏进。又宋洪皓亦有《松漠纪闻》一卷，记金国事，乃使金居燕山所作。又《醉翁谈录》五卷①，宋金盈之作。《四库未收书目》云：

　　盈之家世汴京②，南渡后，官从政郎、衡州录事参军③。此书载黄虞稷《千顷堂书目》。第一卷为名公佳制，载宋以来名卿大夫诗文各体；第二卷荣贵要览，略述唐宋中恩荣遗制；

①　谈（談）底本作"复（復）"，据史实改。
②　家世　底本作"世家"，据《四库未收书目提要》（p.56）改。
③　从（從）底本作"以"；衡　底本作"衢"，据《四库未收书目提要》（p.56）改。

第三、四卷则为京城风俗记，备载宋室全盛时汴京风物繁华之盛，凡所见闻，按月搜记①，如四时风俗好尚，无不毕载；第五卷琐阔记闻，载唐时遗事为多。

又宋石茂良有《避戎夜话》一卷，载靖康元年十一月金人陷汴京事，盖亲在围城之内，记此见闻。其中多言都统制姚友仲守御东南两壁之功。以上诸书均足为宋代史料，正史之中或未有如此之详尽者。

《元秘史》十五卷，其纪年以鼠、兔儿、羊儿等，不以干支，盖即元人所作，记元太祖、太宗两朝事迹最为详尽。此书《四库全书》未收，见于《四库未收书目》中。明初宋濂修《元史》，急于蒇事，不及稽览此书；实则其中当有许多准确可靠之元人史料。又《汉唐秘史》二卷，明宁王权作。权自序云："洪武二十九年，奉命纂辑，成于辛巳六月。"《姜氏秘史》一卷，明姜清作。自靖难之后，建文一朝事迹，大抵遗失。此书于故案、文集搜辑遗闻，编年记载。此书已亡，《四库书目提要》入存目中。又明余继登有《典故纪闻》十八卷②，亦在存目，杂记明代故事，自洪武以迄于隆庆。又《北楼日记》二卷，不著作者姓氏，记明神宗万历二十年宁夏总兵哱拜反叛事。又李光壂《守汴日志》一卷，记李自成

---

① 月　底本作"目"，据《四库未收书目提要》（p.56）改。
② 纪　底本作"记"，据史实改。

三攻开封终于河决城没之事。又《谈往》一卷，系明之遗民所作，旧题"花村看行侍者偶录"。所记皆明代轶闻。又清冯甦有《见闻随笔》二卷，首载李自成、张献忠传，次叙永明王窃号始末，及载何腾蛟等十五人传。惜此种笔记不能久传。明末清初之私人笔记中，往往有很正确之史料，而因仇清为官家所禁录或不载，湮没不传。其足资考证之功，要不可没。

（2）考订或补缀正史之书。此类之功用与前类实同。不过前一类以私人随笔、日记等体出之，初无意定为后代之史料；而此类则专于考订正史或加补缀而成专书。如宋王禹偁的《五代史阙文》一卷，摭拾五代轶事，以辅史缺，凡十七条。王士禛《香祖笔记》云：

> 王元之《五代史阙文》仅一卷，而辨正精严，足正史官之谬。如辨司空图清直大节一段[①]，尤古公论所系，非眇小也。如叙庄公三矢告庙一段，文字淋漓慷慨，足为武皇父子写生；欧阳《五代史·伶官传》全用之，遂成绝调。惟以张全义为乱世贼臣，深合《春秋》之义，而欧阳不取，于《全义传》略无贬词，盖即旧史以成文耳，终当以元之为定论也。

---

① 直　底本作"真"，据《王士禛全集》（p.4551）改。

十七事：梁史三事、后唐史七事、晋史一事、汉史二事、周史四事。宋陶岳又有《五代史补》五卷。自序云："时皇宋祀汾阴之后，岁在壬子。"晁公武《读书志》载此书作"五代补录"，而岳之自序作"五代史补"。公武称所记一百七事，今书所载梁二十一事、后唐二十事、晋二十事、汉二十事、周二十事、共一百一事。殆有遗漏，亦未可知。又王明清《挥麈录》载：毌丘俭贫时^①，借《文选》于交游间，有难色。发愤，异日若贵，当版镂之，遗学者。后仕蜀为宰相，遂践其言，刊之。印行书籍，创见于此。事载陶岳《五代史补》云云。但今书无此条，足见佚文尚多。

清代姚之骃有《后汉书补逸》二十一卷。编《后汉书》之不传于今者八家。计《东观汉记》八卷，谢承《后汉书》四卷，薛莹《后汉记》、张璠《后汉纪》、华峤《后汉书》，谢沈《后汉书》、袁山松《后汉书》各一卷，司马彪《续汉书》四卷，编制方法，与上两书不同，但亦为考订、补缀正史而作。至于《十七史商榷》《廿二史劄记》等书，则与史学有关^②，不入此类。

---

① 毌丘俭（俭）底本作"母邱裔"，据《挥麈录》（p.205）改。
② 与 底本作"于"，据文意改。

第七章 ○

史书之体例及文章

二十五史的体例，大抵均依循《史记》而稍加变化、增减。赵翼《廿二史劄记》：

> 司马迁参酌古今，发凡起例，创为全史。本纪以序帝王，世家以记侯国，十表以系时事，八书以详制度，列传以志人物，然后一代君臣政事贤否、得失，总汇于一编之中。自此例一定，历代作史者遂不能出其范围，信史家之极则也。①

又《十七史商榷》称其体例、编次之变道：

> 《史记》先本纪，次表，次世家，次列传。《汉书》同。

---

① 极　底本作"撰"，据《廿二史劄记校证》（p.2）改。

《晋书》载记、《五代史》世家附于末尾，盖以僭伪诸国自不使居传之前，非必立意欲与《史记》别异也。若《新唐书》改为先志后表，《宋》《辽》《金》《元》皆然，此则特变《史记》之例者也。魏收《北魏书》并改志居传后，盖收先著纪传奏上，以志未成，奏请终业，然后又续十志上之。自云志之为用，网罗遗逸，晚始撰录，弥历炎凉，是以缀于传末。而《五代》亦从之，此变中之变也。

纪传史之体例，不外本纪、世家、列传、志书、谱表等例目，今分述其流变，以作参考。

（甲）《本纪》。司马贞《史记·五帝本纪索隐》："纪者，记也。本其事而记之，故曰本纪。又纪，理也，丝缕有纪，而帝王书称纪者，言为后代纲纪也。"张守节《五帝本纪正义》引裴松之《史目》："天子称本纪……本者，系其本系，故曰本①。纪者，理也；统理众事，系之年月，名之曰纪。"刘知幾《史通》："纪者，纲纪庶品，网罗万物，考篇目之大者，其莫过于此乎！及司马迁之著《史记》也，又列天子行事，以本纪名，后世因之，守而勿失。"这是"本纪"的释名。赵翼《廿二史劄记》称本纪之源流云：

---

① 底本"本"后衍"纪"，据《史记》（p.1）删。

古有《禹本纪》《尚书》《世纪》等书，迁用其体，以叙述帝王。惟项羽作纪，颇失当，故《汉书》改为列传。《三国志》亦但有魏纪，而吴、蜀二主，皆不立纪，以魏为正统故也。《后汉书》又立皇后纪，盖仿《史》《汉》吕后纪之例；不知史迁以政由后出，故《高纪》后即立《后纪》。至班史则先立《孝惠纪》，孝惠崩，始立后纪[1]，其体例已截然。以少帝既废，所立者非刘氏子，故不得以伪主纪年，而归之于后也。若东汉则各有帝纪，即女后临朝，而用人行政，已皆编在帝纪内，何必又立后纪?《新唐书》已改唐为周，故朝政则编入后纪，宫闱琐事仍立后传，较有斟酌。《宋史·度宗本纪》后附瀛国公及二王，不曰帝而曰瀛国公，曰二王，固以著其不成为君，而犹附于纪后，则以其正统绪余，已登极建号，不得而没其实也。至马令[2]、陆游《南唐书》作《李氏本纪》，吴任臣《十国春秋》为僭号者皆作纪，殊太滥矣。其时已有梁、唐、晋、汉、周称纪，诸国皆偏隅，何得亦称纪耶?《金史》于《太祖本纪》之前，先立世纪，以叙其先世，此又仿《尚书》《世纪》之名，最为典切。

按，《新元史》则定太祖以前者号曰"序纪"，亦是一例。

（乙）世家。司马贞《史记·吴太伯世家索隐》："系家者，记

---

① 立　底本作"定"，据《廿二史劄记校证》（p.3）改。
② 令　底本作"今"；据《廿二史劄记校证》（p.3）改。

诸侯本系也。言其下及子孙，常有国故。孟子曰：陈仲子，齐之系家。又董仲舒曰：王者封诸侯，非官之也，得以代代为家者也。"刘知幾《史通》曰："自古王者，便置诸侯，列以五等，疏为万国。当周之东迁，王室大坏，于是礼乐征伐，自诸侯出。迄乎秦世，分为七雄。司马迁之记诸国也，其编次之体，与本纪不殊，盖欲抑彼诸侯，异乎天子。故假以他称，名为世家。"浦起龙曰："由周而来，五等相仍。当子长时，汉封尤在，故立此（世家）名目，以处夫臣人而亦君人者。自兹以降，去古益远，藩微封耗，史无世家，时为之也。"《廿二史劄记》述其演变云：

《史记·卫世家》赞，"余读世家言"云云，是古来本有"世家"一体，迁用之以记王侯诸国。《汉书》乃尽改为列传。传者，传一人之生平也。王侯开国，子孙世袭，故曰世家。今改作传，而其子孙嗣爵者，又不能不附其后，究非体矣。然自《汉书》定例后，历代因之。《晋书》于僭伪诸国，数代相传者，不曰"世家"而曰"载记"，盖以刘、石、苻、姚诸君，有称大号者，不得以侯国例之也。欧阳修《五代史》，则于吴、南唐、前蜀、后蜀、南汉、北汉、楚、吴越、闽、南平，皆称世家。《宋史》因之，亦作十国世家。《辽史》于高丽、西夏，则又变其名曰"外记"。

（丙）谱表。司马贞曰："应劭云：表者，录其事而见之。按，《礼》有《表记》，而郑玄云：表，明也，谓事微而不著，须表明也。故言表。"张守节《三代世表正义》："表者，明也。明言事仪。"《史通》则称："谱之建名，起于周代，表之所作，因谱象形①。故桓君山有云：'太史公《三代世表》，旁行邪上，并效周谱。'此其证欤？夫以表为文，用述时事……法盛书载《中兴》，改表为注，名目虽巧，芜累亦多②。"赵翼云：

《史记》作"十表"，昉于周之谱牒，与纪传相为出入。凡列侯③、将相、三公、九卿，功名表著者，既为立传④；此外大臣无功过者，传之不胜传，而又不容尽没，则于表载之。作史体裁莫大于是。故《汉书》因之，亦作七表。以《史记》中《三代世表》《十二诸侯年表》《六国表》皆无与于汉也。其余诸表，皆本《史记》旧表，而增武帝以后沿革以续之。惟《外戚恩泽侯表》，《史记》所无。又增《百官公卿表》，最为明晰。另有《古今人表》，既非汉人，何烦胪列⑤，且所分高下，亦非定评，殊属赘设也。《后汉》《三国》《宋》《齐》

---

① 因　底本作"周"，据《史通》（p.48）改。
② 芜（蕪）　底本作"著"，据《史通》（p.49）改。
③ 侯　底本脱，据《廿二史劄记校证》（p.4）补。
④ 既　底本作"改"，据《廿二史劄记校证》（p.4）改。
⑤ 胪（臚）　底本作"旷（曠）"，据《廿二史劄记校证》（p.4）改。

《梁》《陈》《魏》《齐》《北周》《隋》及《南》《北史》皆无表（《后汉》之表为宋熊方所补）。《新唐书》:《宰相》《方镇》《宗室世系》三表。薛《五代史》无表。欧《五代史》亦无表，但有《十国世家年谱》。《宋史》有《宰相》《宗室》二表。《辽史》立表最多，有《世表》《皇子表》《公主表》《皇族表》《外戚表》《游幸表》《部属表》《属国表》。表多则传可省，此作史良法也。《金史》:《宗室》《交聘》两表。《元史》:《后妃》《宗室》《世系》《诸王》《公主》《宰相》六表。《明史》:《诸王》《功臣》《外戚》《宰辅》《七卿》共五表（自注：后人有因各史无表而补之者，伏无忌、黄景作《诸王王子功臣恩泽侯表》，边韶、崔寔、延笃作《百官表》，皆不传。袁希之又有《汉表》，熊方有《后汉表》，李焘作《历代宰相年表》，皆所以补前人之缺。近时万斯同又取历代正史之未著明者，一一补之，凡六十篇，益以《明史》表十三篇，最为详赡①）。

《新元史》并旧史《宗室世系表》及《诸王表》为一，名"宗室世表"；删去《后妃》《公主》两表，归入列传中；新增《行省宰相年表》。

（丁）书志。司马贞《史记·礼书索隐》:"书者，五经六籍总

---

① 赡　底本作"瞻"，据《廿二史劄记校证》(p.4)改。

名也。此之'八书'，记国家大体。班氏谓之'志'，志，记也。"颜师古《汉书·律历志注》："志，记也。积记其事也。《春秋左氏传》曰：前志有之。"刘知幾云：

夫刑法、礼乐、风土山川，求诸文籍，出于三礼。及班、马著史，别裁书志，考其所记，多效礼经。……原夫司马迁曰"书"、班固曰"志"、蔡邕曰"意"、华峤曰"典"、张勃曰"录"、何法盛曰"说"（欧阳《五代史》又曰"考"），名目虽异，体统不殊。亦犹楚谓之"梼杌"、晋谓之"乘"、鲁谓之"春秋"，其义一也。于其编目，则有前曰"平准"（《史记》），后云"食货"（《汉书》）；古号"河渠"（《史记》），今称"沟洫"（《汉书》）；析《郊祀》（《汉书》）为《宗庙》（《后汉》有此篇名），分《礼乐》（《汉书》）为《威仪》（《隋志》之礼名"礼仪"）；《悬象》（《魏书》作"天象"）出于《天文》（《汉书》），《郡国》（《后汉》）生于《地理》（《汉书》）。如斯变革，不可胜计。或名非而物是，或小异而大同。但作者爱奇，耻于仍旧，必寻源讨本，其归一揆也。若乃《五行》《艺文》，班补子长之阙；《百官》《舆服》，谢（谢承）拾孟坚之遗（班有《百官》而无《舆服》）。王隐后来，加以《瑞异》；魏收晚进，弘以《释老》。斯则自我作故，出乎胸臆，求诸历代，不过一二者焉。大抵志之为篇，其流十五六家而已。其间则有妄入编次、虚张部帙，而积习已久，不悟其非。亦有事应可书、宜别标题，而古来作者，曾未觉察。

赵翼《廿二史劄记》亦云：

"八书"乃史迁所创，以记朝章国典。《汉书》因之作"十志"：《律历志》则本于《律书》《历书》也，《礼乐志》则本于《礼书》《乐书》也，《食货志》则本于《平准书》也，《郊祀志》则本于《封禅书》也，《天文志》则本于《天官书》也，《沟洫志》则本于《河渠书》也；此外，又增《刑法》《五行》《地理》《艺文》四志。其后《律历》《礼乐》《天文》《地理》《刑法》，历代史皆不能无。《后汉书》改《地理》为《郡国》，又增《礼仪》《祭祀》《百官》《舆服》四志。《三国志》无志。《晋》《宋》《齐书》大概与前书同。惟《宋书》增《符瑞志》，《齐书》亦有《祥瑞志》。《梁》《陈书》及《南史》无志。《魏书》改《天文》为《天象》，《地理》为《地形》，今志乃合梁、陈、齐、周、隋并撰者；其《艺文》则改为《经籍》。《新唐》增《仪卫》《选举》《兵制》三志。薛《五代史》志类有减无增。欧《五代史》另立《司天》《职方》二考，亦即《天文》《地理》而变其名也。《宋史》诸志，与前史名目多同。惟《辽史》增《营卫》《捺钵》《部族》《兵卫》诸志，其国俗然也。《金》《元》二史，志目与《宋史》同，惟少《艺文》耳。《明史》志目与《宋史》同，其《艺文志》内专载明人著述，而前代书流传于世者不载。

（戊）列传。赵翼《廿二史劄记》：

古书凡记事立论及解经者，皆谓之传，非专记一人之事迹也。其专记一人为一传者，则自迁始。又于传之中，分公卿将相为《列传》，其《儒林》《循吏》《酷吏》《刺客》《游侠》《佞幸》《滑稽》《日者》《龟策》《货殖》等，又别立名目，以类相从。自后作史者，各就一朝所有人物传之，固不必尽拘迁史旧名也。如《汉书》少《刺客》《滑稽》《日者》《龟策》四传，而增《西域传》。盖无其人不妨缺，有其事不妨增。至《外夷传》，则又随各朝之交兵通贡者而载之，更不能尽同也。惟《货殖》一款，本可不立传，而《汉书》所载《货殖》，又多周秦时人，与汉无涉，殊亦赘设。《后汉书》于列传《儒林》《酷吏》《循吏》之外，又增《宦者》《文苑》《独行》《方术》《逸民》《列女》等传。《三国志》名目有减无增。《晋书》改《循吏》为《良吏》，《方术》为《艺术》，不过稍易其名；又增《孝友》《忠义》两传，其《逆臣》则附于卷末，不另立《逆臣》名目。《宋书》但改《佞幸》为《恩幸》，其二凶亦附卷末。《齐书》改《文苑》为《文学》，《良吏》为《良政》，《隐逸》为《高逸》，《孝友》《忠义》为《孝义》，《恩幸》为《幸臣》，亦稍变其名；其降敌国者，亦附卷末。《梁书》改《孝义》为《孝行》，又增《止足》一款，其《逆臣》亦附卷末。《陈书》及《南史》亦同，惟侯景等另立《贼臣》名目。《后魏书》改《孝行》为《孝感》，《忠义》为《节义》，《隐逸》为《逸士》，《宦者》为《阉官》，亦稍变其名。其刘聪、石勒、晋宋齐梁俱入《外国传》。《北齐》各传名目，无所增改。《周书》增《附庸》一款。《隋书》改《忠义》为《诚节》，《孝行》又为《孝义》，余皆与前史同；而以李密、杨元感次列传后，宇文化及、王世充附于卷末。《北史》各传名目，大概与前史同，增《僭伪》一款。《旧唐书》诸传，名目亦与前史同，其安禄山等，亦附卷末，不另立《逆臣》名目。《新唐书》增《公主》《藩镇》《奸臣》三款。《逆臣》中又分《叛臣》《逆臣》为二，亦附卷末。薛《五代史》增《世袭》一款。欧《五代史》另立《家人》《义儿》《伶官》等传；其历任各朝者，谓之"杂传"；又分《忠义》为《死节》《死事》二款，又立《唐六臣传》。盖五代时事多变局，故传名亦另创也。《宋史》增《道学》一款及《周三臣传》，余与前史同。《辽史》改《良吏》为《能吏》，余与前史同，另有《国语解》。《金史》无儒学，但改《外戚》

为《世戚》,《文苑》为《文艺》,余与前史同,亦另有《国语解》。《元史》增《释老》,余亦与前史同。《明史》各传名目,亦多与前史同,增《阉党》《流贼》及《土司传》。

《新元史》则分《儒学》为《儒林》《文苑》两传,改《良吏》为《循吏》,改《孝义》为《笃行》,删去《奸臣》《叛臣》《逆臣》三传,加《蛮夷传》,又立文武诸臣传。《清史列传》八十卷,内分《王公》《大臣》《儒林》《文苑》《贰臣》《逆臣》等传。

此外,《史记》有《太史公自序》一篇,附于书末;班固改曰"叙传"。《宋书》因《史记》,《陈》《周》两书因《汉书》,《后汉书》则名为"序赞",《晋》《齐》《后魏书》均称曰"序例"。《史通》称自序之作,起源于《离骚》,至司马相如,始以自叙为传,但止及己身,不述祖德。至司马迁乃述祖先之情形,于是史书中始有"序论"一体。他说:"施于家牒,犹或可通,列于国史,多见其失。"亦是的论。

正史的体例,大抵不外《史记》之分类,不过稍加变易而已。王鸣盛《十七史商榷》云:

马迁创立本纪、表、书、世家、列传体例,后之作史者,递相祖述,莫能出其范围,即班、范称"书",陈寿称"志",李延寿《南》《北朝》称"史",欧阳修《五代》称"史记",

小异其目。"书"之名，各史皆改称"表"，《五代》又改称"考"。"世家"之名，《晋书》改称"载记"。要皆不过小小立异，大指总在司马氏牢笼中。

但对于诸史编例，颇多异议。例如浦起龙则云："《史记·龟策传》是志体，宜归书例，不宜入传例。班史附向、歆于《楚元王传》，代不相接、封不相袭，宜以类离立也。王莽居摄，建年宜革，而班史莽传，竟记莽年，其失甚矣。后汉中兴，更始先建位号，宜纪不宜传。况'更始居位，光武为其部将，然后即真，似宜以更始之号，建于光武之初也'。而范史因仍不改，何欤?《蜀志》宜首纪先主，而陈寿乃先以二牧比高、光，为违例焉。他若旧史以表、志之帙，介于纪传之间，翻阅甚为不便。表、志不妨次后，何诸史之多不然也。"

以上是纪传史之体例。至于编年之史，则以时日为大纲，将各种事实依年代而排列，年代即是全书之纲。如《春秋》：

元年春，王正月。

三月，公及邾仪父盟于蔑。

夏五月，郑伯克段于鄢。

秋七月，天王使宰咺，来归惠公仲子之赗。

九月，及宋人盟于宿。

冬十有二月，祭伯来。

公子益师卒。

每一件事上面均标着时日，而上面诸事均发生于同一年。《左传》《公羊》《穀梁》三书即将其中可以记载之事，再详加叙述。以后的编年均本此体例，不过有记载详略的不同罢了。

纪事本末的体例，则兼纪传与编年两者而有之。先以大事作纲目，其次再依时代的次序来记载事实。如《通鉴纪事本末》第二卷《秦并六国》，先记周显王七年孝公立事，次记八年孝公之令；再记十年商鞅之变法。下面因事情不甚重要，乃简单列举，如《春秋》之例：

十一年，秦败韩师于西山。

十四年，秦孝公、魏惠王会于杜平。

十五年，秦败魏师于元里，斩首七千级，取少梁。

十七年，秦大良造卫鞅伐魏。

十八年，秦卫鞅围魏固阳，降之。

十九年，秦商鞅筑冀阙宫庭于咸阳，徙都之。令民父子兄弟同室内息者为禁。并诸小乡聚集为一县，县置令丞，凡三十一县。废井田……平斗、桶、权、衡、丈、尺。

但记事之详者则与纪传之史书相似。如同卷：

> 二十九年，卫鞅言于秦孝公曰："秦之与魏，譬若人之有腹心之疾，非魏并秦，秦即并魏。何者？魏居岭阨之西，都安邑，与秦界河，而独擅山东之利；利则西侵秦，病则东收地。今以君之贤圣，国赖以盛；而魏往年大破于齐，诸侯畔之。可因此时代魏，魏不支秦，必东徙。然后秦据河川之固，东乡以制诸侯。此帝王之业也。"公从之。使卫鞅将兵，伐魏，魏使公子卬将而御之。军既相距，卫鞅遗公子卬书曰："吾始与公子欢，今俱为两国将，不忍相攻，可与公子面相见盟，乐饮而罢兵，以安秦、魏之民。"公子卬以为然，乃相与会盟。已饮，而卫鞅伏甲士袭虏公子卬。因攻魏师，大破之。魏惠王恐，使之献河西之地于秦以和。因去安邑，徙都大梁。乃叹曰："吾恨不用公叔之言。"秦封卫鞅商于十五邑，号曰"商君"。

此三种史书之体例，互有关系。纪传之中亦必有年月，编年之中亦必有纪传，纪事本末则并两者而用之。《日知录》：

> 自《春秋》以下，记载之文，必以日系月，以月系时，以时系年，此史家之常法也。《史记·伍子胥传》：乙卯楚昭

王出奔，庚辰吴王入郢，则不月而日；《刺客传》：四月丙子，光伏甲士于窟室中，则不年而月。史家之变例也。盖此事已见于《吴》《楚》二世家，故其文从省。

又云，史家日月不必顺序："古人作史，取其事之相属，不论年月，故有追书，有竟书。《左传》成公十六年，先书甲午晦，后书癸巳；甲午为正书，而癸巳则因后事而追书也……昭公十三年，楚灵王之弑，先书五月癸亥，后书乙卯丙辰；乙卯丙辰为正书，而五月癸亥则因前事而竟书也。"则纪传编年，体虽不同，而其变则一。刘知幾《史通》谓本纪之所以称本纪者，必须编年以提其纲：

> 盖纪之为体，犹《春秋》之经，系日月以成岁时，书君上以显国统……而陆机《晋书》，列纪三祖，直序其事，竟不编年。年既不编，何纪之有……又纪者，既以编年为主，唯叙天子一人；有大事可书者，则见之于年月，其书事委曲，付之列传，此其义也。

如果他的议论是对的，那么纪传之中，也以编年为纲了。足见这三种体裁，均是作史者所必用的方法；不过我们以其最大标目来区别它是纪传、编年、纪事本末体别而已。又史书之体裁，以所记时代而分，则有通史与断代史之别。如《史记》上迄黄帝，下至汉武，不以一代为起迄，乃是纪传的通史；《汉书》单记一代之事，为纪传的断代史。《春秋》则为编年之断代史，《通鉴》则为编年之通史。袁枢《通鉴纪事本末》为纪事本末体之通史，《元史纪事本末》则为纪事本末之断代史。刘氏又云："《史记》者，载数千年之事，无所不容；《汉书》者，纪十二帝之时，有限斯极。固既分迁之纪，判其去取，纪传所存，唯留汉日；表志所录，乃尽羲年。举一反三，岂宜若是胶柱调瑟？不亦谬欤！"所以刘氏以为《艺文志》中当记一代之书，前志所录者后史不必重记。"前志已录，而后志仍书，篇目如旧，频烦互出，何异以水济水，谁能饮之者乎？"又斥班固《汉书》之《古今人表》云："异哉，班氏之《人表》也……其书上自庖牺，下穷嬴氏，不言汉事，而编入《汉书》。鸠居鹊巢，茑施松上，附生疣赘，不知剪截，何断而为限乎？"均是依通史、断代史不同的立场来下评判了。

至于史书之文章，刘知幾曾下一总论：

夫拟《春秋》成史，持论尤宜阔略。其有本无疑事，辄设论以裁之。此皆私徇笔端[①]，苟炫文彩，嘉辞美句，写诸简册。岂知史书之大体、载削之指归者哉？必寻其得失，考其

---

① 徇 底本作"绚（绚）"，据《史通》（p.74）改。

异同，子长淡泊无味……孟坚辞惟温雅，理多惬当，其尤美者，有典诰之风，翩翩奕奕[1]，良可咏也。仲豫（荀悦）义理虽长，失在繁富。自兹以降，流宕忘返，大抵皆华多于实，理少于文，鼓其雄辞，夸其俪事。必择其善者，则干宝、范晔、裴子野，是其最也。沈约、臧荣绪、萧子显，抑其次也。孙安国都无足采，习凿齿时有可观。若袁彦伯（宏）之务饰玄言[2]，谢灵运之虚张高论，玉卮无当，曾何足云。王劭志在简直，言兼鄙野，苟得其理，遂忘其文。观过知仁，斯之谓矣。大唐修《晋书》，作者皆当代词人，远弃史、班，近宗徐、庾。夫以饰彼轻薄之句，而编为史籍之文，无异加粉黛于壮夫，服绮纨于高士者矣。

又《杂说》中论诸史之得失，及论叙事记人诸说，当详下编，兹不复举。

---

[1] 奕奕　底本作"弈弈"，据《史通》（p.74）改。
[2] 彦　底本作"长（長）"，据《史通》（p.75）改。

史学 第三编

第一章 ○

史学略史（上）

我国史学，根据最近"小屯文化"的发现，知道在殷商时已经萌芽了。但当时也不过是很略的史之记载。我们在甲骨中可以见到当时社会的情形，足以为研究古史的帮助。其后《尚书》一书，载尧、舜至秦的史事，实为我国最早的史书。但所记为古代策命告誓之文，今《四库》收入的五十八篇之《尚书》，其中有二十五篇为东晋人所伪造。所以可信者只有二十八篇（依阎若璩、惠栋等说）：

《尧典》第一（今本之《舜典》乃割原本《尧典》下半而成者）《皋陶谟》第二（今本之《益稷》系割此下半而成者）《禹贡》第三　《甘誓》第四　《汤誓》第五　《盘庚》第六　《高宗肜日》第七[①]　《西伯戡黎》第八　《微子》第

---

① 肜　底本作"彤"，据《十三经注疏》（p.372）改。

九　《牧誓》第十　《洪范》第十一　《金滕》第十二　《大诰》第十三　《康诰》第十四　《酒诰》第十五　《梓材》第十六《召诰》第十七　《洛诰》第十八　《多士》第十九　《毋逸》第二十　《君奭》第二十一　《多方》第二十二　《立政》第二十三　《顾命》第二十四　《费誓》第二十五　《吕刑》第二十六　《文侯之命》第二十七　《秦誓》第二十八

《诗经》之中，亦有许多可以藉见古代风俗与社会的，如《玄鸟》《生民》之诗，述商周开国之迹；《殷武》《六月》，记当时之武功：

> 天命玄鸟，降而生商，宅殷土芒芒，古帝命武汤，正域彼四方……（《玄鸟》）

亦可以称之曰"史诗"了。章学诚氏"六经皆史"之说，即由于此。但六经虽记当时社会情形，但是略而不详，只能承认它们是史料，足为后人研究之资料，而不能说它们即是史书，也不能说是史学的全盛时期。

六经之中最有史学之价值的，是《春秋》。故章学诚又说："古无史学，其以史见长者，大抵深于《春秋》者也。"故曰："史学本于《春秋》。"又说："史学所以经世，固非空言著述也。且如六经同出孔子，先儒以为其功莫大于《春秋》，正以切合当时人事耳。"因为六经中只有《春秋》一书是真正的史书（《竹书纪年》已佚，今存者非原本。但原本亦多魏国之史书，在《春秋》后），现存之编年史亦以此为最古，所以在史学界中自有它重要的地位。但其书之缺点，亦有不少：（一）文句太简，有以一字成文者。（二）一条记一事，不相联属，亦无组织。（三）所记者偏重政治情形，不记社会状况。（四）与历史无关之天灾祥瑞，亦一一记录。足见当时史学的观念是宗教的史观、道德的史观、伟人的史观。而所录者只能称之为簿录，不能称做著述。但它的影响于后代很大很大。

第一，《春秋》影响于后代史学的是道德的史观，以后每部史书，均以劝善罚恶为己任。其实《春秋》本身不过一部简史，并无褒贬之意。后人信孟子"孔子作《春秋》而乱臣贼子惧"的话，便群相仿效，以褒贬为事了。刘知幾《史通·惑经》中有一段说：

> 又案《春秋》之所书，本以褒贬为主，故《国语》晋司马侯对其君悼公曰①："以其善行，以其恶戒，可谓德义矣。"公曰："孰能？"对曰："羊舌肸习于《春秋》。"至于董狐书法而不隐，南史执简而累进，又宁殖出君，而卒之忧名在策书。

---

① 马　底本作"公"，据《史通》（p.377）改。

故知当时史臣，各怀直笔，斯则有犯必死，书法无舍者矣。白夫子之修《春秋》也，盖他邦之篡贼其君者有三[1]，本国之弑逐其君者有七，莫不缺而靡录，使其有逃名者。而孟子云："孔子成《春秋》，乱臣贼子惧。"无乃乌有之谈乎？

又说："夫子所修者，但因其成事，就加雕饰，仍旧而已。"《春秋》承告而书，曾无变革，是则无辜者反加以罪，有罪者得隐其辜，求诸劝戒，其义安在？"刘知幾的疑心是应该的。《春秋》本身并无褒贬之意，所谓劝善罚恶，都是后世儒者的牵强附会之谈！

第二，是祇祥之说。《春秋》载天灾地变甚多，影响于后代之史书。所以史书中之祥瑞符祥，变成一种不可少的材料了。刘知幾曾斥《汉书》：

又品藻群流，题目庶类。谓莒为大国，菽为强草，鹙著青色，负蠜非中国之虫[2]，鹲鸲为夷狄之鸟，如斯诡妄，不可殚论。而班固就加纂次，曾靡铨择[3]，因以五行编而为志，不亦惑乎！且每叙一灾，推一怪，董、京之说，前后相反；向、

---

① 篡贼　底本作"篡弑"，据《史通》（p.377）改。
② 蠜　底本作"攀"，据《史通》（p.60）改。
③ 择　底本作"释"，据《史通》（p.60）改。

歆之解，父子不同。遂乃双载其文，两存厥理，言无准的，事益烦费。岂所谓撮其机要、收彼菁华者哉！

这见解也是对的。

第三，中国史书之以记政治帝王为主，偏于伟人史观，也受了《春秋》的影响。按，《春秋》记载弑君三十六、亡国五十二，君卒杀大夫等尚不在内，已有八百多条，而其中又以地震等八十四条占其十分之一。足见此史全是贵族的历史。以后中国帝制政治一直到清代，于是中国的历史便一直是以帝王、名人、贵族为主了。

章氏所说的史学本于《春秋》，不限于《春秋》本书而言，兼及《左传》等发明《春秋》之书而言之。"三传"之作，足以济《春秋》太简的一点缺陷。其余均承《春秋》而不敢逾越其义。《左传》是否左丘明作，是一问题；是否依《春秋经》而作，更是问题。但它的记述史事，在史学界上确有独立的价值。所以《史通》"六家"之中，春秋家之后，又列左传家。又《申左》篇称《左传》有三长：

案《春秋》昭二年，韩宣子来聘，观书于太史氏，见鲁《春秋》，曰："周礼尽在鲁矣。吾乃今知周公之德，与周之所以王也。"《春秋》之作，始自姬旦，成于仲尼。丘明之传有所笔削及发凡例，皆得周典，传孔子教，故能成不刊之书，著将来之法。其长一也。又案哀三年鲁司铎火①，南宫敬叔命周人出御书……其时于鲁文籍最备。丘明既躬为太史，博总群书，至如《梼杌》《纪年》之流，《郑书》《晋志》之类，凡此诸籍，莫不毕睹。其传广包它国，每事皆详。其长二也。《论语》子曰："左丘明耻之，丘亦耻之。"夫以同圣之才，而膺授经之托，加以达者七十，弟子三千，远自四方，同在一国，于是上询夫子，下访其徒，凡所采摭，实广闻见。其长三也。

以上三项，除末项的理由不能成立以外，其余均说到左氏之长。历来学者也有称左氏之长在于不与《春秋》符合，多《春秋》以后之事。那正是《左传》不附经的破绽。如果不以《左传》为附经之史来看，则《左传》在古代实不失为一史学名著。

"六家"之中，《国语》亦自立一家。此亦是刘氏的卓见。《国语》以国别为纲，实倡史学的一种体例，足以为国别史的鼻祖；不过这一种体例，后世不大盛行罢了。刘氏称：

当汉氏失驭，英雄角力，司马彪又录其行事，因为《九

---

① 底本"司"后衍"寇"，据《史通》（p.383）删。

州春秋》，州为一篇，合为九卷。寻其体统，亦近代之《国语》也。自魏都许、洛，三方鼎峙，晋宅江、淮，四海幅裂。其君虽号同王者，而地实诸侯。所在史官，记其国事，为纪传者，则规模班、马；创编年者，则议拟荀、袁。于是《史》《汉》之体大行，而《国语》之风替矣。

又《世本》一书，《汉书·艺文志》著录，有十五篇。原注云："古史官记黄帝以来迄春秋时诸侯大夫。"但在宋代已佚。今据诸书所征引，知其内容篇目，有《帝系》《传》《谱》《氏姓篇》《居篇》《作篇》。《汉书·司马迁传》和《后汉书·班彪传》均称"司马迁删据《世本》等书作《史记》"。那么纪传体亦非司马氏所倡，乃改《世本》的体裁而作《史记》。清代钱大昭、茆泮林、张澍等各有辑本。

由上可知，秦代以前，史学著作已有三体：一是编年，一是纪传，一是国别之史。所以梁启超《中国历史研究法》中称：

> 史学界最初有组织之名者，则春秋、战国间得二书焉：一曰左丘之《国语》，二曰不知撰人之《世本》……《国语》若既经割裂，则亦必须与《左传》合读，然后左氏之面目得真见也。左氏书之特色：第一，不以一国为中心点，而将当时数个主要的文化国，平均叙述。盖自春秋以降，我族已渐

为地方的发展；非以各方面综合研究，不能得其全相……其溥遍的精神，固可见也。第二，其叙述不局于政治，常及全社会之各方面……所谓"琐语"之类，亦采择不遗，故能写出当时社会之活态，予吾侪以颇明了之印象。第三，其叙事有系统，有别裁，确成为一种"组织体的"著述。彼"帐簿式"之《春秋》，"文选式"之《尚书》，虽极庄严典重，而读者寡味矣……此三特色者，皆以前史家所无……故左丘可谓商周以来史界之革命也，又秦汉以降史界不祧之大宗也。

《世本》一书，宋时已佚……吾侪但观其篇目，即可知其书与前史大异者两点：其一，开后此分析的综合的研究之端绪；彼能将史料纵切横断，分别部居，俾读者得所比较以资推论也。其二，特注重于社会的事项；前史纯以政治为中心，彼乃详及氏姓、居、作等事，已颇具文化史的性质也。

则自春秋至战国而汉初，称之为史学的产生时期，当无不可。

《史通》"六家"中，列《史记》为一家。章学诚称："子长、孟坚不作，而专门之史学衰。"《史记》一书，实在中国的史学中放一异彩。《史记》之时代背景，为民族由分裂而统一①、政治由分割而为帝制、学术有所董理、经济有所变更。迁欲建设一新的

---

① 裂 底本作"展"，据文意改。

历史哲学，而借事实以发明，故有《史记》之作。司马迁以前，无史学之目。《汉书·艺文志》以史书附于六艺略之后，著述仅四百余篇，在迁之前者仅一百九十篇。及《隋书·经籍志》史部之书，则突增为一万六千余卷，这光大史学之功劳，当由于司马迁。梁任公说：

> 孔子作《春秋》时，或为目的牺牲事实。其怀抱深远之目的，而又忠勤于事实者，惟迁为能兼之。迁书取材于《国语》《世本》《战国策》《楚汉春秋》等，以十二本纪、十表、八书、三十世家、七十列传组织而成。其本纪以事系年，取则于《春秋》；其八书详记政制，蜕形于《尚书》；其十表稽牒作谱，印范于《世本》；其世家、列传，既宗雅记，亦采琐语，则《国语》之遗规也。诸体虽非皆迁所自创，而迁实集其大成，兼综诸体而调和之，使互相补而各尽其用，此足征迁组织力之强，而文章技术之妙也。

郑樵《通志·总序》："自《春秋》后，惟《史记》擅制作之规模。"班固《汉书·司马迁传赞》述刘向、扬雄之言，谓"迁有良史之材，善序事理"。司马迁自序，亦称作《史记》之目的，乃在"成一家之言"。其影响于后代者至深且钜，二十四史之体例，几全不能逾越史记的范围，可谓前无古人、后无来者了。

断代史始于班固之《汉书》，故《史通》亦列为"六家"之一。又称其"包举一代，撰成一书"[①]，"学者寻讨，易为其功"。章学诚曰："迁书一变而为班氏之断代；迁书通变化，而班氏守绳墨，以示包括也。"断代为史，实即班固之史学。其后廿四史之断代为史，皆本于此。

自汉以后，纪传之体大行；编年亦循纪传之例，断代为书。自宋司马光作《资治通鉴》，而有伟大的编年之通史。梁任公谓："吾国史学界，称前后两司马。"至宋袁枢而又有一新的史书。梁任公谓："纪传体以人为主，编年体以年为主，而纪事本末体以事为主[②]。夫欲求史迹之原因、结果，以为鉴往知来之用，非以事为主不可。故纪事本末体，于吾侪之理想的新史最为相近，抑亦旧史界进化之极轨也。"

政书为史，始于唐之杜佑。自《通典》出，史学界中始有伟大之专史。自《明儒学案》出，而始有专记学术之专史。

评史之作，《左传》《史记》已发其端。汉贾谊有《过秦论》，陆机有《辨亡论》，启论史之风。其后王夫之《读通鉴论》最有价值。但评史之巨著，则始于唐代刘知幾的《史通》。知幾自序：

> 《史通》之为书也，盖伤当时载笔之士，其义不纯；思欲

---

① 撰　底本作"选（選）"，据《史通》（p.22）改。
② 纪　底本作"记"，据下文改。

辨其指归，殚其体统。其书虽以史为主，而余波所及，上穷王道，下揆人伦[①]……盖谈经者恶闻服、杜之嗤，论史者憎言班、马之失，而此书多讥往哲，喜述前非，获罪于时，固其宜矣。

宋郑樵《通志》，亦间有评史之文。其总序自称："夫学术造诣，本乎心识；如人入海[②]，一入一深。臣之二十略，皆臣自有所得，不用旧史之文。"

这是汉代一直到明代的史学之大略。

---

① 揆　底本作"极"，据《史通》（p.263）改。
② 人入　底本作"人大"，据《通志二十略·通志总序》（p.11）改。

第二章 ○

史学略史（中）

清代为一切学术复兴的时期，但于史学，独为寂寞。这完全由于政治的关系。康、雍、乾三朝文字之狱，使清代之史学毫无生气。但是清代史学界有一卓荦千古的人，那便是章学诚氏了。章氏著有《文史通义》一书。他自序中称：

> 拙撰《文史通义》，中间议论开辟，实有不得已而发挥，为千古史学辟其蓁芜①。然恐惊世骇俗，为不知己者诟厉。

又说：

> 吾于史学，自信发凡起例，多为后世开山。而人乃拟吾于刘

---

① 蓁 底本作"榛"，据《文史通义新编新注》（p.693）改。另，此段引文出自《与汪龙庄书》。

知幾；不知刘言史法，吾言史意；刘议馆阁纂修，吾议一家著述。

章氏之外，清代对于史学的贡献，可以分为两大类：一是特例的创制，一是关于史学之类书的编制。所谓特例之叙述，乃是取史学中的一小项目而成专书，著名的作品如顾祖禹的《读史方舆纪要》。全书百三十卷，系特创地理的史学观，以地理为经，以史实为纬，实为前人所未有之著作。又如顾栋高的《春秋大事表》，系将《左传》重新整理编排，而作一简单、明晰之表格，亦是研究史学的一种新颖的方法。又如黄宗羲的《明儒学案》，在整个历史中，专提出哲学的一种来作史，是学史之首创。其书自有宗旨，与钞胥者不同。又有赵翼的《廿二史劄记》，专作研究史学考证史料之用，亦是一史学的专著，与钱大昕、王念孙等专作狭义的考证者不同。

类书的编制，一为表、志之补续。自万斯同著《历代史表》以后，各有所著，各史表、志，殆均已补缀。二为史文的考证。对于古籍，订讹纠谬，不遗余力。三为方志的重修。各省、府、县志，什九皆有新修本，足以为史料之根据。第四为年谱之流行。清人所作古代名人的年谱很多。章学诚称年谱之用，"一人之史而可以与家史、国史、一代之史相取证"，即是年谱之功用。五为外史之研究。魏源、徐松好谈边事，因而引起文人研究外史之趣味。洪钧的《元史译文证补》，即是研究外史之名作。

自黄宗羲主张以史学充实理学以后，一般学者均从事于考证、订补、辑佚的工作，而其中成绩最可观的，当推钱大昕。在史学方面，他著有《廿二史考异》《三史拾遗》《诸史拾遗》《补元史氏族表》《补元史艺文志》《四史朔闰志》《疑年录》等，也是一位史学界光明的巨星。柳诒徵《中国文化史》中曾说乾、嘉诸儒，所治者均是史学：

> 吾谓乾、嘉诸儒所独到者，实非经学，而为考史之学……诸儒治经，实皆考史。或辑一代之学说，或明一师之家法，于经义亦未有大发明，特区分畛域，可以使学者知此时代此经师之学若此耳①。其于"三礼"，尤属古史之制度，诸儒反复研究，或著通例，或著专例②，或为总图，或为专图，或专释一书，或博考诸制，皆可谓研究古史之专书。

清代末年，我国史学界起了重大的变化，它承受了浙东史学与吴、皖经学的遗产，又因清代政治的腐败，而影响于史学上研究的标的。其中代表人物是今文派的领袖康有为。清光绪二十三年，在戊戌政变的前一年，他出版了《孔子改制考》一书。他把"孔子以前'道统'与'王统'合而为一，孔子以后'道统'和

---

① 学　底本脱，据《中国文化史》（p.799）补。
② 或著通例，或著专例　底本作"或为专例"，据《中国文化史》（p.799）改。

'王统'分离的传统说法打破了，本书卷一的'上古茫昧无稽考'，即是大胆宣传此种学说的"。他说：

> 中国号称古名国，文明最先矣；然六经以前，无复书记；夏、殷无征，周籍已去，共和以前，不可年识；秦、汉以后，乃得详记……夫三代文教之盛，实由孔子推托之故。故得一孔子而日月光华，山川焜耀；然夷考旧文，实犹茫昧，虽有美盛，不尽可考焉。

又说：

> 秦前尚略，其详靡记……然则周制亦茫昧矣……惟其不详，故诸子得以纷纷假托：或为神农之言，或多称黄帝，或法夏，或法周，或称三代。皆由于书缺籍去，混混茫茫，然后诸子可以随意假托。惟秦之后乃得其详。

卷九"孔子创儒教改制考"、卷十"六经皆孔子改制所作考"、卷十一"孔子改制托古考"、卷十二"孔子改制法尧舜文王考"，均依今文经学者之眼光来判断，而予中国历史以新的估价。所谓"六经中先王之行事皆孔子托之，以明其改作之义"；《尧典》《皋陶谟》《益稷》《禹贡》《洪范》……皆纯乎孔子之文也"。他在"孔

143

子改制法尧舜文王考"一篇中提出四点证据，证明《尧典》为孔子所作：

> 《尧典》一篇，皆孔子作，凡有四证：王充《论衡》："《尚书》自'钦明文思'以下何人所作也？……日孔子也。"则仲任尚知此说。其证一。《尧典》制度，与《王制》全同……《王制》为素王之制。其证二。文辞……调谐词整，与《乾卦》象辞、爻辞……同，并为孔子文笔。其证三。夏为禹年号，尧舜时，禹未改号，安有夏？而不云"蛮夷猾唐""猾虞"而云"猾夏"，盖"夏"为大朝……故周时人动称夷夏、华夏……虽以孔子之圣，便文称之，亦日"猾夏"也。证四。

其次，他不仅消极地否定了上古的史实，而且凭着《公羊》三世、《礼运》"大同""小康"之说来论断中国的史是进化的，由扰乱而进为大同，故著《大同书》。梁启超的《南海康先生传》中论他的见解道：

> 先生之哲学，进化派哲学也。中国数千年学术之大体，大抵皆取保守主义，以为文明世界在于古时，日趋而日下；先生独发明《春秋》三世之义，以为文明世界在于他日，日进而日盛。盖中国自创意言进化学者，以此为嚆矢焉。先生

于中国史学，用力最深，心得最多，故常以史学言进化之理。以为中国始开于夏禹。其所传尧舜文明事业，皆孔子所托以明义，悬一至善之鹄，以为太平世之倒影现象而已……先生于是推进化之运，以为必有极乐世界在于他日，而思想所极，遂衍为大同学说。

其次有崔适著《史记探源》。他以为《史记》属于今文学家的著作，《汉书》属于古文学家的著作。《史记》中之与今文说相违背的，均是王莽时所伪造。以为王莽曾征天下有通"《逸礼》、《古书》、《毛诗》、《周官》、《尔雅》、天文、图谶、钟律、月令、兵法、史篇、文字……者，皆诣公车……至者前后千数，皆令记说廷中，将令正乖谬"。

其次，夏曾佑以为孔门淑世之学的转变，由于荀卿。他著《中国古代史》，曾说："盖汉儒……皆出荀子……《荀子·仲尼》篇……《臣道》篇……以固宠无患、崇美讳败，为六经之微旨，则流弊胡所不至？荀子死于秦前，幸耳。荀子而生于秦皇、汉武之世，有不为文成、五利者乎？"他的著作，一开端便提出达尔文的《种源论》，用此种理论来论断史实：

古今人群进化之大例，必学说先开而政治乃从其后……至战国时……一曰宗教之改革。此为社会进化之起原，即老、孔、墨三大宗是也……四曰财政之改革。井田之制……以近人天演学之理解之，则似不能有此……其实情盖以土地为贵人所专有，而农夫皆附田之奴……至秦商君，乃克去之，此亦社会进化之一端。

他又说："中国之教，得孔子而后立；中国之政，得秦皇而后行；中国之境，得汉武而后定：三者皆中国之所以为中国……譬如建屋，孔子奠其基，秦、汉二君营其室；后之王者，不过随事补苴，以求适一时。"本书中又曾承认采用今文家的主张：

自东汉至清初，皆用古文学；当世几无知今文为何物者。至嘉庆以后，皆以历史因果之理解之，不专在讲经也。

梁启超称他"对于中国历史有崭新之见解"，实非阿谀之词。以前所谓史学者，均脱不了经学的羁绊，原是因研究经学而及于史学的。他们肯承认"六经皆史"，但自梁启超以后，史学与经学分了家，而成为一种专门独立的学问。这是他的功绩。同时近年来史学的新途径，也由于他的启示。梁氏是康有为的学生，但学问上的意见却不相同。康氏治经，原是因为治史的关系；而梁氏所发表之《新史学》一文，却替"史学"打定了独立的基础。他以为旧史之病，在于：一，知有朝廷而不知有国家；二，知有个人而不知有群体；三，知有陈迹而不知有今务；四，知有事实而不知有理想。于是他的新史学之界说是：一，叙述进化之现象；二，叙述人群进化之现象，三，叙述人群进化之现象而求得其公理与公例。这种理论，在当时实在是一种"奇迹"。他的接受今文学诸说，又糅合了进化论，于是策动了中国史学上的转变。

林志钧《饮冰室合集序》中称他对于"史"的努力：

　　知任公者，则知其为学虽数变，而固有其坚密自守者在，即百变不离于"史"是已。观其髫年即喜读《史记》《汉书》。居江户，草中国通史；又欲草世界史及政治史、文化史等。所为文，如《中国史叙论》《新史学》，及传记、学案，乃至传奇小说，皆涵史性。其《历史研究法》，则其治史之方法论。而《政治思想史》《美文及其历史》《近三百年学术史》《佛教史》诸篇，皆为文化史之初稿……任公先生之于文化史，亦朝夕常言之。

自梁氏以后，中国的史学界有了崭新的发展。同时清代的史学，至末年而有转变，起初只是今、古文的纷争，后来由经学而及于史学。其变化虽由于梁氏，但依演进的程序，亦是必然之趋势。梁氏之说，在现代看来，虽似无足重轻，但在当时已是史学界革命的先驱人物了。

第三章 ◦

史学略史（下）

　　自从梁启超氏将史学摆脱了经学的羁绊以后，我国的史学有特殊的转变，而且更蓬勃发扬起来。近代史学的概况，派别很多。有人分为"泥古""疑古""考古""释古"四派；也有人分为"信古""疑古""释古"三派，或称为"传统派""革新派""考订派"。而"革新派"之演进，可别为三期：最先是"政治革命"，次为"文化革命"，再次为"经济革命"。或者先分为"史观派"与"史料派"两大类。史观派之中可分为儒教史观派及超儒教史观派。前者称为"经典派"，其中又可别为两种：一是受古文学派的影响的，属于旧史学的范围，自刘歆、班固一直到近代的章炳麟；一是受今文经学影响的，即为新史学产生的源泉。后者又称"超经典派"，此派即使史学脱离经学而独立的，其中又分为"疑古""考古""释古"三派。至于"史料派"，自清末以后，陆续搜集发现的甚多，所以蔡元培有"史学本是史料学"之说。这一种分类法是近人周予同氏的主张。

可是近代以来，所发展的是超经典派的史学。梁启超氏也可以说是儒教史观派者的殿军，以后所发展的，当然不仅仅在儒教中绕圈子而已。因为史学既脱离经学而独立，自然不会再受儒教的束缚，再奉经典为圭臬了。所以近世的史学，严格地区分起来，只有"疑古""释古"和"考古"三派。

"疑古"一派，如胡适的史观，他自己曾提出研究史学的两个基本方法："一个是用历史演变的眼光追求传说的演变，一个是用严格的考据方法来评判史料。"又论研究历史的方法说：研究哲学史，有三个目的：一是"明变"，二是"求因"，三是"评判"。要达到此三目的，先得"审定史料"，"整理史料"。审定史料之证据有五：一为"史事"，二为"文字"，三为"文体"，四为"思想"，合称"内证"；五为"旁证"。整理史料的方法约有三端：一是"校勘"，二是"训诂"，三是"贯通"。他的《中国哲学史》中以中国哲学的思想始于孔子和老子，孔子、老子以前的史料，不采用《尚书》而用《诗经》。这是他卓立的见解。

以疑古为标帜，而较胡适氏更进一步的，如钱玄同与顾颉刚，钱玄同为了表示他疑古的精神，于民国十四年八月竟以疑古为姓。顾颉刚《古史辨》第一集中与钱玄同书中论他致力于史的工作道：

我的性情还是近于史学。因为想做史学，所以极要蒐集史料，审定史料。为蒐集史料，所以要做目录学；为审定史料，所以要辨伪。

又云：

将来我自己将做三种书：（1）伪史源，（2）伪史例，（3）伪史对鞫。所谓源者，其始不过一人倡之，要在这时辨来，自是很易，不幸十人和之，辗转应用，不知其所自始，甚至愈放愈胖，说来更像，遂至信为真史……所谓例者，做伪史的，总有一色的心理，记一事必写到怎样的程度，遂至言过其实，不可遮掩……所谓对鞫者，大抵说假话，不能无抵牾，我们要把他们抵牾的话集录出来，比较看看，教他们不能作遁辞。

他们的工作，是要：（一）打破民族出于一元的观念，（二）打破地域向来一统的观念，（三）打破古史人化的观念，（四）打破古代为黄金世界的观念。钱玄同在《读书杂志》所发表的与顾颉刚书中，提出了对于古史的意见：

（1）孔丘无删述或制作"六经"之事。

（2）《诗》《书》《礼》《易》《春秋》本是各不相干的五部

书（《乐经》本无此书）。

（3）把各不相干的五部书配成一部而名为"六经"的缘故，我以为是这样的，因为《论语》有"子所雅言，诗、书、执礼"和"兴于诗，立于礼，成于乐"两节。……

（4）"六经"的配成，当在战国之末。

（5）自从"六经"之名成立，于是《荀子·儒效》篇、《商君书·农战》篇、《礼记·经解》、《春秋繁露·玉杯》篇、《史记》（甚多）、《汉书·艺文志》、《白虎通》等，每一道及，总是六者并举。

至于疑古的工作，古已有之。汉王充已有辨伪的说法：

> 世信虚妄之书，以为载于竹帛上者，皆圣贤所传，无不然之事，故信而是之，讽而读之，睹真是之传与虚妄之书相违，则并谓短书不可信用。

《淮南子》亦有"世俗之人多尊古而贱今，故为道者必托之神农、黄帝而后能入说"的话。《孟子》亦云"尽信书，则不如无书，吾于《武成》，取其二三策而已矣"。《荀子》亦云："孔子、墨子，俱道尧舜，而取舍不同，皆自谓真尧舜。尧舜不复生，将谁使定儒、墨之诚乎？"其他《楚辞》、伪《列子》以及唐人诗中，有很多断片疑古的话。刘知幾《史通》有《疑古》篇。柳宗元对于《列子》《文子》《鹖冠子》也断为伪作。宋朝欧阳修曾否认《系辞》《文言》《说卦》，对于《左传》《周礼》都表示怀疑。司马光曾疑过《孟子》，王安石曾非过《春秋》，郑樵的《诗辨妄》、叶适的《习学记言序目》以及黄震的《黄氏日钞》①，均有疑古的精神。元吴澄对于《古文尚书》有所斥辨，明宋濂对于诸子有所辨析，胡应麟的《四部正讹》所辨伪书有一百之多，清代学者如阎若璩、姚际恒、万斯同、崔述、魏源等，至康有为而大放厥辞。梁启超曾有《古书之真伪及其年代》一文，他有若干条鉴别伪书之公例：

（1）其书前代从未著录，或绝无人征引而忽出现者，什有九皆伪。

（2）其书虽前代著录，然久经散佚；乃忽有一异本突出，篇数与内容等与旧书完全不同，什九皆伪。

（3）其书不问有无旧本，但今本来历不明者，即不可轻信。

（4）其书流传之绪，从他方面可以考见，而因以证明今本题某人旧撰为不确者。

---

① 目　底本脱，据史实补。

（5）其书原本前人称引，确有左证①，而今本与之歧异者，则今本必伪。

（6）其书题某人撰而书中所载事迹在本人后者，则其书或全伪，或一部分伪。

（7）其书虽真，然一部分经后人窜乱之迹既确凿有据，则对于其全书须慎加鉴别。

（8）书中所言确与事实相反对，则其书必伪。

（9）两书同载一事绝对矛盾者，则必有一伪或两伪。

（10）各时代之文体，盖有天然界划，多读书者多能知之；故后人伪作之书，有不必从字句求枝叶反证，但一望文体，即能断其伪者。

（11）各时代之社会状态，吾侪据各方面之资料，总可推见崖略；若某书中所言其时代之状态与情理相去悬绝者，即可断为伪。

（12）各时代之思想，其进化阶级自有一定；若某书中所表现之思想与其时代不相衔接者，即可断为伪。

则胡、钱、顾之疑古一派的史学观，实有所承受，不过更能进一步作大胆的宣传罢了。但研究的范围仅及于秦汉以前的古史，

---

① 确有左证　底本作"却有左证"，据《中国历史研究法》（p.92）改。此段引文出自该书。

同时，他们也免不了有若干主观的成见掺杂在里面，这不能不说是这一派的缺点。

疑古派的意见发表以后，曾引起多方的质难。于是有"考古派"出来修正他们的意见。这一派的代表作者，初有王国维。王氏是多方面的学者，据陈寅恪的《静安先生遗书序》中说：

> 其学术内容及治学方法，殆可举三目以概括之者：一曰，取地下之实物与纸上之遗文互相释证，凡属于考古学及上古史之作，如《殷卜辞中所见先公先王考》及《鬼方昆夷狁狁考》等是也①。二曰，取异族之故书与吾国之旧籍互相补正，凡属于辽、金、元史事及边疆地理之作，如《萌古考》及《〈元朝秘史〉之主因亦儿坚考》等是也。三曰，取外来之观念与固有之材料互相参证，凡属于文艺批评及小说戏曲之作，如《红楼梦评论》及《宋元戏曲史》等是也。

王氏的考古之学与史学很有关系。甲骨文之收藏始于王懿荣，始拓于刘鹗；文字研究，始于孙诒让；作史学之研究，始于王国维。他对于史事，不愿意加入历史方法论的论争。他在《古史新证》中提出自己的见解：

---

① 夷 底本作"吾"；狁 底本作"猃"，据《金明馆丛稿二编》（p.247）改。

上古之事，传说与史实混而不分。史实之中，固不免有所缘饰，与传说无异；而传说之中，亦往往有史实为之素地。二者不易区别，此世界各国之所同。

他又斥疑古派说：

至于近世，乃知孔安国本《尚书》之伪，《纪年》之不可信，而疑古之过，乃并尧、舜、禹之人物而亦疑之。其于怀疑之态度及批评之精神，不无可取，然惜于古史材料未尝为充分之处理。

这批评的确针对着将传说一笔勾销的疑古派之为学方法而言的。他最后又提出自己的方法论道：

吾辈生于今日，幸于纸上之材料外，更得地下之新材料。由此种材料，我辈因得据以补正纸上之材料，亦得证明古书之某部分全为实录，即百家不雅驯之言，亦不无表示一面之事实。此二重证据法，惟存今日，始为得之。

他的纸上材料乃是《尚书》《诗》《易》《五帝德》及《帝系姓》《春秋》《左传》《国语》《世本》《竹书纪年》《战国策》及周秦诸

子、《史记》等书；地下之材料为甲骨文字与金文。他研究古史的结果，打破了夏、商、周三代王统、道统之传统观念。王氏弟子徐中舒作《殷周文化之蠡测》一文，说殷、周是两种民族。他以阐明商代社会的真相为目的，不信古，也不疑古。

较王氏更进一步而研究史学的"考古派"学者有李济，他从事于仰韶文化，有《西阴村史前的遗存》一书。于是地下的史料由甲骨而扩大到铜器、陶器及其他，由"甲骨"的名称扩大到"小屯文化""白陶文化"的研究。他在安阳发掘共十四次。他不但寻找史料，而且加以解释，有《殷虚铜器五种及其相关之问题》一文。依这篇文章的研究，殷商乃是复合的文化，这文化的来源有三：一是本土文化，代表物是甲骨文字、蚕桑和一部分陶器；一是西土文化，代表是陶业；三是南亚文化，代表是稻、米、水牛、青铜器中所含的锡，更有文身的民俗。则秦汉以前，中国的本位文化中也含有外来的文化了，这是李氏研究的成绩。

考古派学者的态度，乃是纯粹客观的，和绝对主观的疑古派不同。但是他们态度的审慎与不肯轻易乱下判断的精神，是疑古派所不能及的。我们研究历史，这正是值得仿效的一种态度。

胡汉民在《建设》杂志上发表一文，承认中国古代曾有井田制度，井田制度的破坏，乃是先秦诸子产生的原因。这是释古派的初声。此后郭沫若曾撰《中国社会之历史的发展阶段》一文，又有《卜辞中的古代社会》和《周金中的社会史观》二文，合编为《中国古代社会研究》一书。他承接王国维的为学方法，而对疑古派表示不满。他说："在目前欲论中国的古学，欲清算中国古代社会，我们是不能不以王氏之业绩为其出发点了。"他又指斥疑古派说：

> 我们的"批判"有异于他们的"整理"①。"整理"的究极目标，是在"实事求是"；我们的"批判"精神，是要在"实事之中求其所以是"。"整理"的方法所能做到的是"知其然"，我们的"批判"精神是要"知其所以然"。"整理"自是"批判"过程所必经的一步，然而它不能成为我们所应该局限的一步。

释古派的缺点很多，而他们内部的纷争又很厉害。他们的目的在乎把握全史的动态而深究其基因。但其弊偏于社会学的一般性，而忽略历史学的特殊性，结果流于武断。冯友兰曾说：

> 释古一派之史学多有两种缺陷：第一种是……往往缺乏疑古的精神……往往对于史料毫不审查，见有一种材料，与

---

① 于 底本脱，据《中国古代社会研究》（p.2）改。

其先入之见解相合者，即无条件采用……第二种缺陷是……往往谈理论太多……感觉他是谈哲学，不是讲历史……我们应当以事实解释证明理论，而不可以事实迁就理论。

抗战以后，中国的史学也因了政治环境的改变而有了变化。民族解放的高潮已渗入史学者的思想中，于是"尊王攘夷"之说，又复盛于今日。史学的目的除了求真之外，又有争取民族解放的信念。如章炳麟《国故论衡·原经》中有一节话：

国之有史久远，则亡灭之难。自秦氏以迄今兹，四夷交侵，王道中绝者数矣。然撏者不敢毁弃旧章①，反正又易。藉不获济，而愤心时时见于行事，足以待后。故令国性不堕，民自知贵于戎狄，非《春秋》孰维纲是？……孔子不有《春秋》，前人往②，不能语后人，后人亦无以识前；乍被侵略，则相安于舆台之分。《诗》云："宛其死矣，他人是愉。"此可为流涕长潸者也。

---

① 撏 底本作"獝"，据《国故论衡》（p.92）改。
② 底本"往"后衍"往"，据《国故论衡》（p.92）删。

第四章 ○

史学名著（一）

　　我国史学界中最负盛名的史学专著有二：一是唐代刘知幾的《史通》，一是清代章学诚的《文史通义》。本章先述《史通》的大概。

　　《史通》的作者刘知幾，原名子玄，因避唐玄宗讳，故以字行。曾以凤阁舍人兼修国史，与宰相萧至忠意见不合，又子玄修《武后实录》有所改正，而武三思等不听，自以为见用于时而志不遂，乃著《史通》内外四十九篇，讥评今古。徐坚读之，叹曰："为史氏者，宜置此坐右也。"（详见《新唐书》本传及《史通·自叙》）。又《自叙》中自称其书道：

　　　《史通》之为书也[1]，盖伤当时载笔之士，其义不纯，思
　　欲辨其指归，殚其体统。夫其书虽以史为主，而余波所及，

---

①　通　底本作"书（書）"，据《史通》（p.263）改。

上穷王道，下揽人伦，总括万殊，包吞千有。自《法言》已降，迄于《文心》而往，固以纳诸胸中，曾不蒂芥者矣。夫其为义也，有与夺焉，有褒贬焉，有鉴诫焉，有讽刺焉。其为贯穿者深矣，其为网罗者密矣，其所商略者远矣，其所发明者多矣。盖谈经者，恶闻服、杜之嗤，论史者，憎言班、马之失，而此书多讥往哲，喜述前非，获罪于时，固其宜矣。

《四库书目提要》称《史通》：

> 其内篇《体统》《纰缪》《弛张》三篇，有录无书。考本传已称著《史通》四十九篇，则三篇之亡，在修《唐书》以前矣。内篇皆论史家体例，辨别是非；外篇则述史籍源流，及杂评古人得失，文或与内篇重出，又或抵牾。观开卷《六家》篇，首称自古帝王文籍，外篇言之备矣。是先有外篇，乃撷其精华以成内篇，故删除有所未尽也。子玄于史学最深，又领史职几三十年，更历书局亦最久，其贯穿今古、洞悉利病，实非后人之所及；而性本过刚，词复有激，诋诃太甚，或悍然不顾其安。

今本《史通》凡四十九篇。注云："自卷一至卷十为内篇，凡三十六篇。"三十六篇是：

　　六家　二体　载言　本纪　世家　列传　表历　书志
论赞　序例　题目　断限　编次　称谓　采撰　载文　补注
因习　邑里　言语　浮词　叙事　品藻　直书　曲笔　鉴识
探赜　摸拟　书事　人物　覈才　序传　烦省　杂述　辨职
自叙

又注云，"自卷十至卷二十为外篇，凡十三篇"：

　　史官建置　古今正史　疑古　惑经　申左　点烦　杂说
（上中下）　汉书五行志错误[①]　五行志杂驳　暗惑　忤时

　　刘氏将史书分为"六家"，总归"二体"，所以这书的首两篇
即以《二体》《六家》并列。今以略表列之：

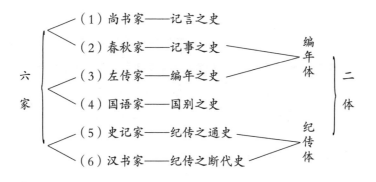

————————

① 汉书　底本脱，据《史通》（p.491）补。

以下各篇专论纪传史中的体例。因为自司马迁作《史记》，有本纪、世家、列传、表历、书志等属。于是专篇辨其源流是非。他以为本纪一体，应该如《春秋》之编年，唯天子一人之事为主。"有大事可书者，则见之于年月；其书事委曲，付之列传。"又以为世家本记诸侯之事，汉代以前诸侯卜世长久，汉代异姓之国，或传国唯止一身，或才经数世，故汉代之后，世家之名，可以取消。班书之无世家，"事势当然，非矫枉也"。又以为列传之于本纪，如传之于经；传以解经，列传所以释本纪。后史列传之弊，"其间则有生无令闻，死无异迹，用使游谈者靡征其事，讲习者罕记其名，而虚班史传，妄占篇目，若斯人者，可胜纪哉"。至于表历，他最斥班氏《古今人表》之非：

> 异哉，班氏之《人表》也，区别九品，网罗千载，论世则异时，语姓则他族。自可方以类聚，物以群分，使善恶相从，先后为次，何藉而为表乎？且其书上自庖牺，下穷嬴氏，不言汉事，而编入《汉书》，鸠居鹊巢，茑施松上，附生疣赘，不知剪截，何断而为限乎？

而赞成司马迁之创表：

> 观太史公之创表也……燕越万里，而径寸之内，犬牙可

接；昭穆九代，而方尺之中，雁行有序，使读者举目可详。

他论志书有一特点，即以为《艺文》一志"必不能去，当复其体"。前代之书，此代之史不必记录，否则有丰富太甚之病。论天文五行，则以为无稽的神鬼之说，可以不必录入史书，"此乃关诸天道，不复系乎人事"。"其所证明，实皆迂阔。""因以五行而编为志，不亦惑乎？"所以他主张不以五行之事，录入史书。这见解在于唐代，是难能可贵的。《汉书五行志错误》一篇中[①]，驳斥《五行志》之错误："班氏著志，抵牾者多，在于《五行》，芜累尤甚。今辄条其错缪，定为四科"：

（甲）引书失宜。其流有四：（1）《史记》《左氏》，交错相并。（2）《春秋》《史记》，杂乱难别。（3）屡举《春秋》，言无定体。（4）书名去取，所记不同。

（乙）叙事乖理。其流有五：（1）徒发首端，不副征验。（2）虚编古语，讨事不终。（3）直引时谈，竟无它述。（4）科条不整，寻绎难知。（5）标举年号，详略无准。

（丙）释灾多滥。其流有八：（1）商榷前世[②]，全违故实。（2）影响不接，牵引相会。（3）敷演多端，准的无主。（4）

---

① 志　底本脱，据《史通》（p.491）补。
② 商榷前世　底本作"商榷前事"，据《史通》（p.499）改。

轻持善政，用配妖祸。（5）但伸解释，不显符应。（6）考覈虽说①，义理非精。（7）妖祥可知②，寝默无说。（8）不循经典，自任胸怀。

（丁）古学不精。其流有三：（1）博引前书，网罗不尽。（2）兼采《左氏》，遗逸甚多。（3）屡举旧事，不知所出。

《史通》有《五行志杂驳》一篇，专斥五行之不足凭征。这是刘氏史学见解的一大特点。同时他又以为史当除天文、艺文而增都邑志、氏族志、方物志三项，也是发前人之所不敢发的议论。

他又以为传后附论赞，始于《史记》，"及后来赞语之作，多录纪传之言，其有所异，唯加文饰而已"。这种论赞，其实可以不需要。以为"欲观人之善恶，史之褒贬，盖无假于此也"。唐代以下之史均无赞，恐怕是受他议论的影响的。

刘氏所恶者，为史家但知因习前史成文，不知改良，但知学步，其失甚为可笑。如《因习》篇所说："三皇各异礼，五帝不同乐，故《传》称因俗，《易》贵随时，况史书者，记事之言耳。夫事有贸迁，而言无变革，此所谓胶柱而调瑟，刻船以求剑也。"他曾举一例道：

---

① 说（讟） 底本作"谨（謹）"，据《史通》（p.499）改。
② 祥 底本作"详"，据《史通》（p.499）改。

《史记·陈涉世家》，称其子孙至今血食[①]。《汉书》复有《涉传》，乃具载迁文。案迁之言，"今"实孝武之世也。固之言"今"，当孝明之世也。事出百年[②]，语同一理。即如是，岂陈氏苗裔，祚流东京者乎？斯必不然。《汉书》又云："严君平既卒，蜀人至今称之。"皇甫谧全录斯语载于《高士传》。夫孟坚、士安，年代悬隔，"至今"之说，岂可同云。夫班之习马，其非既如彼，谧之承固，其失又如此；迷而不悟，奚其甚乎？

又《邑里》篇亦云：

天长地久，文轨大同，州郡则废置无恒，名目则古今各异。而作者为人立传，每云某所人也，其地皆取旧号，施之于今，欲求实录，不亦难乎？且人无定质，因地而化。故生于荆者，言皆成楚，居于晋者，齿便从黄；涉魏而东，已经七叶，历江而左，非唯一世。而犹以本国为是，此乡为非，是则孔父里于昌平，阴氏家于新野，而系纂微子[③]，源承管仲[④]，乃为齐宋之人，非关鲁邓之士，求诸自古，其义无闻。

---

① 今　底本脱，据《史通》（p.127）补。
② 百　底本作"有"，据《史通》（p.127）改。
③ 纂　底本作"慕"，据《史通》（p.134）改。
④ 源　底本作"原"，据《史通》（p.134）改。

又《摸拟》篇所称"貌同心异"之病，亦指因习成法而言。如谯周《占史考》："秦杀其大大李斯。"以诸侯之大大，名天子之丞相。又如干宝《晋纪》："葬我某皇帝。"时无二君，何必加"我"字，当因《春秋》而误。本书中所举此类之例甚多甚多。

刘氏论史书之材料，曾提出两点意见：一是采访诸说，二是博览诸书。

（甲）采访诸说。《采撰》篇："子曰：'吾犹及史之阙文。'是知史文有阙，其来尚矣。自非博雅君子，何以补其遗逸者哉？盖珍裘以众腋成温，广厦以群材合构；自古探穴藏山之士，怀铅握椠之客，何尝不征求异说，采撷群言，然后能成一家，传诸不朽？"但以为所采撰者必加选择。

（乙）博览群书。刘氏将正史以外的史书分为十种：

（1）偏记。如陆贾《楚汉春秋》、《梁昭后略》。

（2）小录。如戴逵《竹林名士》、王粲《汉末英雄》。

（3）逸事。如和峤《汲冢纪年》、葛洪《西京杂记》。

（4）琐言。如刘义庆《世说》、裴荣期《语林》。

（5）郡书。如周裴《汝南先贤传》、陈寿《益部耆旧传》。

（6）家史。如扬雄《家谍》、殷敬《殷氏家传》。

（7）别传。如刘向《列女传》、徐广《孝子传》。

（8）杂记。如干宝《搜神记》、刘义庆《幽明录》。

（9）地理书^①。如常璩《华阳国志》、盛弘之《荆州记》。

（10）都邑簿。如潘岳《关中记》、陆机《洛阳记》。

> 荛荛之言，明王必择，苻菲之体，诗人不弃；故学者有
> 博闻旧事^②，多识奇物。若不窥别录，不讨异书，专治周、孔
> 之章句，直守迁、固之纪传，亦何能自致于此乎？且夫子有
> 云："多闻，择其善者而从之，知之次也。"苟如是，则书有
> 非圣，言多不经，学者博闻，盖在择之而已。

对于史书之文字方面的意见，以为文与史有密切的关系。《载
文》篇中说："文之与史，其流一也。"刘氏生当唐代，正承六朝
骈俪盛行之时，作史之人皆重于文字，同时尤重骈语。以此种文
体作史，刘氏颇不以为然。《覈才》篇云：

> 昔尼父有言，文胜质则史。盖史者，当时之文也。然朴
> 散淳销，时移世异，文之与史，较然异辙。故以张衡之文而
> 不闲于史，以陈寿之史而不习于文。……自世重文藻，词宗
> 丽淫，于是沮诵失路，灵均当轴。每西省虚职，东观仁才，
> 凡所拜授，必推文士。遂使握管怀铅，多无铨综之识，连章

---

① 理　底本作"里"，据《史通》（p.247）改。
② 闻　底本脱，据《史通》（p.249）补。

累牍，罕逢微婉之言……拘时之患，其来尚矣。斯则自古所叹，岂独当今者哉！

又《叙事》篇中亦云：

> 自兹已降，史道陵夷，作者芜音累句，云蒸泉涌。其为文也，大抵编字不只，捶句皆双，修短取均，奇偶相配。故应以一言蔽之者，辄足为二言；应以三句成文者，必分为四句。弥漫重沓，不知所裁。是以处道受责于少期，子昇取讥于君懋[①]，非不幸也。

他论史之文章，提出一个"简"字；以为近代史书之病，在乎太繁。因事繁而影响于文章者，共有四端：（一）多记祥瑞："爰及近古……祥瑞之出，非关理乱，盖主上所惑，臣下相欺。故德弥少而瑞弥多，政愈劣而祥愈盛……史官征其谬说，录彼邪言，真伪莫分，是非无别。"（二）多记藩王朝会之文："夫臣谒其君，子觐其父，抑惟恒理[②]，非复异闻，载之简策，一何辞费！"（三）虽卑小之职，所得厚禄[③]，莫不备书："赞唱为之口劳，题署由其力

---

① 昇　底本作"昂"，据《史通》（p.163）改。
② 恒　底本作"烦（煩）"，据《史通》（p.214）改。
③ 厚　底本作"原"，《史通》（p.214）云"苟沾厚禄，莫不备书"，据改。

倦，具之史牍，夫何足观？"（四）多记传状："父官令长，子秩丞郎，声不著于一乡，行无闻于十室。而乃叙其名位，一二无遗，此实家谍，非关国史。"《叙事》篇云：

夫国史之美者，以叙事为工；而叙事之工者，以简要为主。……迄乎三国，国史之文，日伤烦富[①]。逮晋巳降，流宕逾远。寻其冗句，摘其烦词，一行之间，必谬增数字，尺纸之内，恒虚费数行。

又说：

盖叙事之体，其别有四：有直记其才行者，有唯书其事迹者，有因言语而可知者，有假赞论而自见者……才行、事迹、言语、赞论，凡此四者，皆不相须，若兼而毕书，则其费尤广。但自古经史，通多此类，能获免者，盖十无一二。

又以为省文之道有二：一曰省句，一曰省字。举烦句之例道："若《公羊》（当作《穀梁》）称：'郄克眇[②]，季孙行父秃，孙良夫跛。齐使跛者逆跛者，秃者逆秃者，眇者逆眇者。'盖宜除'跛

① 伤（傷）底本作"偏"，据《史通》（p.157）改。
② 郄 底本作"卻"，据《史通》（p.158）改。

169

者'已下句，但云'各以其类逆'，必事加再述，则于文殊费。此
为烦句也。"又举烦字之例道："《汉书·张苍传》云：'年老，口
中无齿。'盖于此一句之内去'年'及'口中'可矣。夫此六文成
句，而三字妄加，此为烦字也。"浦起龙的《通释》曾替他下解释
道："高、赤、《檀弓》，复调取致，原非史部家言，刘公特拈句示
的耳，勿以不知文诟之。"因为前例颇引起后人的非议，如魏际瑞
在《伯子论文》中说：

> 古人文字有累句、涩句、不成句处，而不改者，非不能
> 改也。改之或伤气格，故宁存其自然。字帖之存败笔，古琴
> 之存焦尾是也。昔人论……《公羊传》"齐使跛者逆跛者，秃
> 者逆秃者，眇者逆眇者"，宜删云"各以其类逆"，简则简矣，
> 而非《公羊》……之文，又于神情特不生动。知此说者，可
> 以悟存瑕之故矣。

但是刘氏之例，亦是不假思索，随手拈来，目的在说作史尚简的
要点。故在《浮词》篇又再三地申述："盖古之记事也，或先经张
本，或后传终言，分布虽疏，错综逾密；今之记事也则不然，或
隔卷异篇，遽相矛盾，或连行接句，顿成乖角。是以《齐史》之
论魏收，良直邪曲，三说各异；《周书》之评太祖，宽仁好杀，二
理不同。非惟言无准的，固亦事成首鼠者矣。夫人有一言，而史

辞再三，良以好发芜音，不求说理，而言之反复，观者惑焉。"他
所论的是整篇取舍的问题、言辞重沓的错误，并非有意于每句文
字之推敲的。金王若虚论史，也有和他相类的话，而足以发明刘
氏的本旨。《滹南遗老集·〈新唐书〉辨》：

> 作史与他文不同，宁失之质，不可至于芜靡而无实；宁
> 失之繁，不可至于疏略而不尽。宋子京不识文章正理，而惟
> 异之求，肆意雕镌，无所顾忌，以至字语诡僻[①]，殆不可读，
> 其事实则往往不明，或乖本意。

刘子玄并非一意求简，他也承认近详远略是势所必然的事实。
所谓繁简的着眼点，并非计算文字的多少，以少者为优；乃是就
此事实而论，作者是否能以最少量的文字来表最详明的事实。《史
通》中的《烦省》一篇，即为此而作。全篇以《荀子》"久则论
略，近则论详，略则举大，详则举小"为宗旨。他说：

> 余以为近史芜累，诚则有诸，亦犹古今不同，势使之然也。

又说：

---

① 僻 底本作"辨"，据《滹南遗老集校注》（p.232）改。

古今有殊，浇淳不等。帝尧则天称大，《书》惟一篇；周武观兵孟津，言成"三誓"。伏羲止画八卦，文王加以《系辞》。俱为大圣，行事若一，其丰俭不类，悬隔如斯。必以古方今，持彼喻此，如蚩尤、黄帝，交战阪泉，施于《春秋》，则城濮、鄢陵之事也。有穷篡夏，少康中兴，施于两汉，则王莽、光武之事也。夫差既灭，句践霸世，施于东晋，则桓玄、宋祖之事也。张仪、马错，为秦开蜀，施于三国①，则邓艾、钟会之事也。而往之所载，其简如彼；后之所书，其审如此。若使同后来于往世，限一概以成书，将恐学者必诟其疏遗，尤其率略者矣。而议者苟嗤沈、萧之所记，事倍于孙、习；华、谢之所编，语烦于班、马，不亦谬乎。故曰论史之烦省者，但当求其事有妄载，言有阙书，斯则可矣；必量世事之厚薄，限篇第以多少，理则不然。其斯之谓也。

因为主简，所以刘氏又有"用晦"之说。所谓"晦"，便是求它意在言外。能意在言外，文句便能简短了。刘子玄这一说也是针对当时文病而有的议论②。他说："章句之言，有显有晦：显也者，繁词缛说，理尽于篇中；晦也者，省字约文，事溢于句外……夫能略小存大，举重明轻，一言而巨细咸该，片语而洪纤

---

① 则桓玄……施于三国　底本缺，据《史通》（p.241）补。

② 是　底本脱，据文意补。

靡漏，此皆用晦之道也。"他又举了不少以晦见长的文句：

> 帝乃殂落，百姓如丧考妣（《尚书》）。——言德盛民戴之情。
>
> 前徒倒戈于后，血流漂杵（又）。——言纣之虐，民之愤。
>
> 士会为政，晋国之盗奔秦（《左传》）。——政善可知。
>
> 三军之士，皆如挟纩（又）。——感悦可知。
>
> 犀革裹之，比及宋，手足皆见（又）。——勇猛可知。
>
> 汉兵败绩，睢水为之不流（《史记》）。——败绩可知。
>
> 翟公之门，可张雀罗（《汉书》）。——凉态可知。
>
> 高祖亡萧何，如失左右手（《史记》）。——倚任可知。
>
> 董生乘马，三年不知牝牡（《汉书》）。——专业可知。（按此句见于《邹子》，非《史》《汉》语。）

其实这一类是修辞学上婉曲的说法。汪中《述学·释三九》中也曾说过这一类修辞法："《春秋传》'卫懿公好鹤，鹤有乘轩者'。鹤无乐乎轩[1]，好鹤者不求其行远[2]，谓以卿之秩宠之，以卿之禄食之也，故曰'鹤实有禄位'。然不云视卿，而云乘轩，此辞之曲也……周人尚文，君子之于言，不径而致也[3]，是以有曲焉。"同

---

① 无乐乎　底本作"乐乎无"，据《述学校笺》（p.18）改。
② 其　底本脱，据《述学校笺》（p.18）补。
③ 径　底本作"迳"，据《述学校笺》（p.18）改。

时，用具体的事实来代替抽象的意念，如以"挟纩"代替"心中快乐"，也是修辞的方法（参阅拙著《文章学纂要》），倒是与文章的繁简不甚有关系的。

又刘氏对于史书中的文字，有一种特别的主张，即是不专求雅驯。以为古代语言和现代语言不同。现代文字，应录现代的语言。这见解发之于重骈俪典雅的唐人，也是非常难得的。如《言语》篇中所说：

> 夫三《传》之说，既不习于《尚书》；两《汉》之词，又多违于《战策》：足以验氓俗之递改，知岁时之不同。而后来作者，通无远识，记其当世口语，罕能从实而书，方复追效昔人，示其稽古。是以好丘明者，则偏摸《左传》；爱子长者，则全学史公。用使周、秦言辞，见于魏、晋之代；楚、汉应对，行乎宋、齐之日。而伪修混沌，失彼天然；今古以之不纯，真伪由其相乱。故裴少期讥孙盛录曹公平素之语，而全作夫差亡灭之词，虽言似《春秋》，而事殊乖越者矣。……夫天长地久，风俗无恒，后之视今，亦犹今之视昔。而作者皆怯书今语，勇效昔言，不其惑乎！

此亦裴松之所谓"凡记言之体，当使若出其口；辞胜而无实，君子所不取"之意。为了求言语的雅驯，于是便易有马令《南唐书》所称"彭书袋"的弊病。沈括《梦溪笔谈》中也载有一则掉文的故事：庆历中，河北大水。有公事使臣到阙。仁宗召问："水灾何如？"对曰："怀山襄陵。"又问："百姓如何？"对曰："如丧考妣。"上默然。既退，诏阁门：今后武臣奏事，并须直说。刘氏有感于斯，乃力言："史之为务，必藉于文……而今之所作，有异于是。其立言也，或虚加练饰①，轻事雕彩；或体兼赋颂，词类俳优。文非文，史非史。譬夫乌孙造室，杂以汉仪；而刻鹄不成②，反类于鹜者也。""宋裴景仁《秦记》③，称苻坚方食，抚盘而诟。王劭《齐志》，述洛干感恩，脱帽而谢。及彦鸾撰以新史，重规删其旧录，乃易'抚盘'以'推案'，变'脱帽'为'免冠'。夫近世通无'案'食，胡俗不施'冠'冕。直以事不类古，改从雅言。欲令学者何以考时俗之不同、察古今之有异？"此种见解，确实指出了一般作史者的弊病。

刘氏对于史书，又有两点见解：一是"疑古"，凡前人所不敢讥议的古事经籍，他大胆地提出了疑问；一是"斥夷"，凡为夷狄讳的文字，均在斥责之列。这两点意见，在唐代也是难能可贵的。

《史通》外篇有《疑古》《惑经》二篇。对于古事，疑者有十二条：一，引《春秋》之"四凶"，及《论语》之不仁者远，以

---

① 虚　底本作"应"，据《史通》（p.168）改。
② 鹄　底本作"鹤"，据《史通》（p.168）改。
③ 记　底本作"纪"，据《史通》（p.168）改。

疑《尚书》称放勋之"克明俊德"，及陆贾《新语》美尧舜之人为"比屋可封"。二，据《汲冢琐语》舜放尧丁平阳，以为"尧之授舜，其事难明，谓之让国①，徒虚语耳"。三，舜死苍梧，亦疑系放逐。"舜必以精华既竭，形神告劳，舍兹宝位，如释重负；何得以垂殁之年，更践不毛之地？兼复二妃不从，怨旷生离，万里无依，孤魂溢尽。让王高蹈，岂其若是者乎？"四，依《汲冢书》之益为启所诛、太甲杀伊尹、文丁杀季历而疑古事。五，疑《春秋》之灭汤之过、增桀之恶。六，疑"武王为《泰誓》，数纣过失，亦犹近代之有吕相为晋绝秦，陈琳为袁檄魏，欲加之罪，能无辞乎"。七，禄父为商纣之子，合谋二叔，臣子之诚。议者何以功业不成，便又以顽人目之？八，"盖姬之事殷，当比马之臣魏，必称周德之大者，不亦虚为其说乎？"九，太伯之三以天下让，疑是不得已，如雄鸡自断其尾，用获免于人牺者焉。十，周公之杀管、蔡，"原其推戈反噬，事由误我②，而周公自以不诚，遽加显戮，与夫汉代之赦淮南，宽阜陵，一何远哉"。

《惑经》亦有十二条，大抵以为《春秋》之褒贬，不尽可信。又有"虚美"五条，论后人之赞《春秋》者，多夸大其辞。如"夫子为《春秋》，笔则笔，削则削，游、夏之徒不能赞一辞"，此说不可信。孔子之于《春秋》，多录古史全文，未尝润色。又

---

① 让（讓）底本作"护（護）"，据《史通》(p.350)改。
② 我 底本作"识（識）"，据《史通》(p.359)改。

《春秋》记事承告而书，《左传》称为"善人劝焉，淫人惧焉"，不可置信。《春秋》于鲁国弑君七条缺而不录，则《孟子》"孔子成《春秋》乱臣贼子惧"，此为妄言。他既以《春秋》为遗漏甚多，于是对于《左传》便不得不加以赞扬，所以《史通》中对于《左传》，赞扬处甚多。

《史通》所痛斥的是后魏、后周两家，因为他们是夷狄之族，假借名义。如《言语》篇："彦鸾修伪国诸史，收、弘撰《魏》《周》二书，必讳彼夷音，变成华语。等杨由之听雀[①]，如介葛之闻牛，斯亦可矣。而于其间则有妄益文彩，虚加风物，援引《诗》《书》，宪章《史》《汉》。遂使沮渠、乞伏，儒雅比于元封；拓跋、宇文，德音同于正始。华而失实，过莫大焉。"又《浮词》篇亦云：

> 魏氏始兴边朔，少识《典》《坟》，作俪蛮夷，抑惟秦、晋。而鸟官创置[②]，岂关郯子之言；髦头而偶[③]，奚假奉春之策。奢言无限，何其厚颜。又《周史》称元行恭因齐灭得回，庾信赠其诗曰[④]："虢亡垂棘反[⑤]，齐平宝鼎归。"陈周弘正来

---

① 杨　底本作"扬"，据《史通》（p.139）改。
② 置　底本作"首"，据《史通》（p.148）改。
③ 头（頭）　底本作"期"，据《史通》（p.148）改。
④ 赠（贈）　底本作"颂（頌）"，据《史通》（p.148）改。
⑤ 垂　底本作"荆"，据《史通》（p.148）改。

聘，在馆赠韦夐诗曰："德星犹未动，直车讵肯来？"其为信、弘正所重如此。夫文以害意，自古而然；拟非其伦，由来尚矣。必以庾、周所作，皆为实录，则其所褒贬，非止一人，咸宜取其指归，何止采其四句而已。

又《叙事·妄饰》：

又自杂种称制，充牣神州，事异诸华，言多丑俗。至如翼犍，道武原讳；黑獭，周文本名。而伯起革以他语，德棻阙而不载。盖厊降、蒯聩，字之媸也；重耳、黑臀，名之鄙也。旧皆列以"三史"，传诸"五经"，未闻后进谈讲，别加刊定。

又《曲笔》篇：

魏收以元氏出于边裔，见侮诸华，遂高自标举，比桑乾于姬汉之国；曲加排抑，同建邺于蛮貊之邦。夫以敌国相仇，交兵结怨，载诸移檄，用可致诬；列诸缃素，难为妄说。苟未达此义，安可言于史耶？夫史之曲笔、诬书，不过一二，语其罪负，为失已多。而魏收杂以寓言，殆将过半。

其他论史的源流，有《史官》篇、《正史》篇、《史官建置》篇等等，其见解亦有与今说暗合的。其尊王攘夷之说，又为今日所应注意的。兹再引《称谓》篇中的一节话，以作结论：

至如元氏起于边朔，其君乃一部之酋长耳。道武追崇所及，凡二十八君。自开辟以来，未之有也。而《魏书·序纪》，袭其虚号，生则谓之"帝"，死则谓之"崩"，何异沐猴而冠、腐鼠称璞者矣。

第五章 ○

史学名著（二）

我国史学界上第二部伟大的著作，是清章学诚的《文史通义》。

章学诚，浙江绍兴人，字实斋。生于乾隆三年，卒于嘉庆六年。二十三岁时，尝言："诸史于纪、表、志、传之外，当立图；列传于儒林、文苑之外，更当立史官传。"《文史通义》之作，当为三十四五岁时。四十二岁，又作《校雠通义》四卷。又著《和州志》《永清县志》，其后又有《史籍考》《亳州志》《湖北通志》《乙卯劄记》等书。近合刻为《章实斋遗著》，共五百余篇。他说：

> 郑樵有史识而未有史学[①]，曾巩具史学而不具史法，刘知幾得史法而不得史意，此予《文史通义》所为作也……诚得

---

① 识 底本作"说"，据《文史通义新编新注》（p.888）改。

如刘知幾、曾巩、郑樵其人，而与之由识以进之学，由学而通乎法，庶几神明于古人之意焉。

首先，章实斋替"史学"下了一个周密的界说："夫《通鉴》为史节之最粗，而《纪事本末》又为《通鉴》之纲纪奴仆，仆尝以为此不足为史学，而止可为史钞、史纂者也。"又说："整辑排比，谓之史纂；参互搜讨，谓之史考：皆非史学。"又说：

> 世士以博稽言史，则"史考"也；以文笔言史，则"史选"也；以故实言史，则"史纂"也；以议论言史，则"史评"也；以体裁言史，则"史例"也。唐宋至今，积学之士，不过"史纂""史考""史例"；能文之士，不过"史选""史评"；古人所为"史学"，则未之闻矣。

他既不以上列诸项为史学，又不承认后人攻前人之史为史学。"自史学亡而始有史学之名；盖史之家法失传，而后人攻前人之史以为学，异乎古人以学为史也。"则他的心目中，以为以学著为史，始得当史学之称。

"子长、孟坚氏不作，而专门之史学衰。"则章氏心许有史学价值的作品，当为《史记》与《汉书》。所以他又说："古人著书，必有授受。史迁之所谓传之其人，班固之所谓待其女弟讲授，盖文字足以达其所著，而不足以达其所以著，故家学具存，而师传不绝，其势然也。"又称："至于史事，则古人以业世其家，学者就其家以传业。盖以域中三大，非取备于一人之手，程功于翰墨之林者也。"又论古人之史学道：

> 古人史学，口授心传，而无成书。其有成书，即其所著之史也。马迁父子再世，班固兄妹三修。当显、肃之际，人文蔚然盛矣，而班固既卒，《汉书》未成，岂举朝之士，不能赞襄汉业，而必使其女弟曹昭，就东观而成之，抑何故哉？正以专门家学，书不尽言，言不尽意，必须口耳转授，非笔墨所能罄。马迁所谓藏名山而传之必于其人者也。

实斋之所谓史学，必先有学而后有史，始得称为史学；即有史而不本于学，亦不得称史学。自唐以后，大抵规依前人之作，而无复有潜心专门致力于史者。所以他有"至唐而史学绝"之说。"马、班、陈氏不作而史学衰，于史书有专部，而所部之书，转有不尽出于史学者矣。"如此说法甚多甚多。试择录数条：

> 至唐人开局设监，整齐晋、隋故事，亦名其书为史；而学者误承流别，不复辨正其体。于是古人著书之旨，晦而不明。
> 《晋书》《隋书》以下，凡集众官修之书，非专家之学，

不过整齐故事，以备要删。

获麟而后，迁、固极著作之能，向、歆尽条别之理，史学所谓规矩方圆之至也。魏、晋、六朝，时得时失①，至唐而史学绝矣。

后史失班史之意，而以纪、表、志、传，同于科举之程式、官府之簿书；则于纪注、撰述，两无所似，而古人著书之宗旨，不可复言矣。史不成家而事、文皆晦，而犹拘守成法，以谓其书固祖马而宗班也，而史学之失传也久矣。

汉、魏、六朝史学，必取专门，文人之集，不过铭、箴、颂、诔、诗、赋、书、表、文、檄诸作而已②。唐人文集，间有纪事，盖史学至唐而尽失也。及宋、元以来，文人之集，传记渐多。史学文才，混而为一。于是古人专门之业，不可问矣。

章氏《文史通义序》称本书乃论"一家著述"，故重班、马而轻馆修之史；称史学亡于唐代，盖由于此。他又循名责实，论"史"与"学"的意义道：

---

① 时得时失　底本作"自得自失"，据《文史通义新编新注》(p.888) 改。
② 诗、赋　底本脱；文　底本作"六"，皆据《文史通义新编新注》(p.434) 补、改。

　　府史之史，庶人在官供书役者，今之所谓"书吏"是也。五史，则卿大夫士为之，所掌图书纪载、命令法式之事，今之所谓内阁六科、翰林中书之属是也。官役之分，高下之隔，流别之判，如霄壤矣。然而无异议者，则皆守掌故，而以法存先王之道也。史守掌故而不知择，犹府守库藏而不知计也。……五史之于文字，犹太宰司会之于财货也……五史以卿士大夫之选，推论精微，史则守其文诰图籍、章程故事，而不敢自专。然而问掌故之委折，必曰史也。夫子曰："民可使由之，不可使知之。"先王道法，非有二也。卿士大夫能论其道，而府史仅守其法，人之知识可使能与不可使能尔。非府史所守之外，别有先王之道也。……

　　夫三王不袭礼，五帝不沿乐，不知礼时为大，而动言好古，必非真知古制者也……若夫殷因夏礼，百世可知，损益虽曰随时，未有薄尧、舜而诋斥禹、汤、文、武、周公而可以为治者。……后世之去唐、虞、三代……远矣。要其一朝典制，可以垂奕世而致一时之治平者①，未有不于古先圣王之道得其仿佛者也。故当代典章、官司、掌故，未有不可通于《诗》《书》六艺之所垂。而学者昧于知时，动矜博古，譬如考西陵之蚕桑，讲神农之树艺，以谓可御饥寒而不须衣食也。

_____

① 奕　底本作"弈"，据《文史通义校注》（p.232）改。

因此，他阐明"六经皆史"的主张，以为"善言天人性命者，未有不切于人事者"，是重在实验的哲学。"史学所以经世，固非空言著述也。"又说：

> 嗟乎！道之不明久矣。六经皆史也。形而上者谓之道，形而下者谓之器。孔子之作《春秋》也，盖曰："我欲托之空言，不如见诸行事之深切著明。"然则典章事实，作者之所不敢忽，盖将即器而明道耳。其书足以明道矣，笾豆之事，则有司存，君子不以是为琐琐也。

他曾提出史学的三大要素：（一）义，（二）事，（三）文。"史所贵者义也，而所具者事也，所凭者文也。""夫子因鲁史而作《春秋》。《孟子》曰：'其事齐桓、晋文，其文则史。'孔子自谓窃取其义焉耳。载笔之士，有志《春秋》之业，固将惟义之求；其事与文，所以藉为存义之资也。……作史贵知其意，非同于掌故，仅求事、文之末也。夫子曰：'我欲托之空言，不如见诸行事之深切著明也。'此则史氏之宗旨也。""史之大原，本于《春秋》。《春秋》之义，昭乎笔削。笔削之义，不仅事具始末、文成规矩已也。以夫子义则窃取之旨观之，固将纲纪天人，推明大道。"以为必慎辨于天人之际，而又须取征于物，不尚空言。史学之目的，即在于此。

实斋又以"圆神""方智",定史学之两大宗门:"撰述欲其圆而神,记注欲其方以智。"他解释道:

> 记注欲往事之不忘,撰述欲来者之兴起。故记注藏往似智,而撰述知来拟神……藏往欲其赅备无遗,故体有一定而其德为方;知来欲其决择去取,故例不拘常而其德为圆。
>
> 文章之用,或以述事,或以明理。事溯已往,阴也;理阐方来,阳也。其至焉者,则述事而理以昭焉,言理而事以范焉,则主适不偏,而文乃衷于道矣。

撰述又作"著述"。著述的要点有三:(1)学问;(2)文辞;(3)考据。

> 学问成家,则发挥而为文辞,证实而为考据。比如人身,学问其神智也,文辞其肌肤也,考据其骸骨也,三者备而后谓之著述。

记注又称作"纂类",或者"比类",或者"比次",亦有三道:

> 比次之道,大约有三:有及时撰集以待后人之论定

者……有有志著述，先猎群书以为薪櫵者[①]……有陶冶专家勒成鸿业者[②]。

"著述"之中，他又分为两类：一是独断之学，二是考索之功。"若夫比次之书，则掌故令史之孔目，簿书纪注之成格，其原虽本柱下之藏，其用止于备稽检而供采择，初无他奇也。然而独断之学，非是不为取裁；考索之功，非是不为按据。如旨酒之不离乎糟粕，嘉禾之不离乎粪土。是以职官故事、案牍图牒之书，不可轻议也……古人云：'言之不文，行之不远'，'文不雅驯，荐绅先生难言之'。为职官、故事、案牍、图牒之难以萃合而行远也，于是有比次之法，不名家学，不立识解，以之整齐故事而待后人之裁定。"又称：

> 由汉氏以来，学者以所得托之撰述以自表见者，盖不少矣。高明者多独断之学，沉潜者尚考索之功。天下之学术，不能不具此二途。

他的所谓"比类之书"只是史料，所以"比类之业"乃所以为著述之资；真正之史学，只有著述足以当之。唐代以后，只有"比

---

① 为薪櫵　底本作"聚标（標）"，据《文史通义校注》（p.482）改。
② 冶　底本作"次"，据《文史通义校注》（p.482）改。

类之业"，而无"独断之功"，所以他认为史学已亡。但在功能上说来，两者是缺一不可的。"盖著述譬之韩信用兵，而比类譬之萧何转饷，二者固缺一而不可，而其人固易地而不可为良者也。"但是两者功用虽是相资，而流别却不可以混，所以他又说：

> 若夫君臣事迹、官司典章，王者易姓受命，综核前代，纂辑比类，以存一代之旧物，是则所谓整齐故事之业也。开局设监，集众修书，正当用其义例，守其绳墨，以待后人之论定则可矣。岂所语于专门著作之伦乎？《易》曰："苟非其人，道不虚行。"史才不世出，而时世变易不可常，及时纂辑所闻见，而不用标别家学、决断去取为急务，岂特《晋》《隋》二史为然哉！班氏以前，则有刘向、刘歆、扬雄、贾逵之《史记》；范氏以前，则有刘珍、李尤、蔡邕、卢植、杨彪之《汉纪》。其书何尝不遵表、志之成规，不用纪传之定体[①]？然而守先待后之故事，与笔削独断之专家，其功用足以相资，而流别不能相混，则断如也。溯而上之，百国宝书之于《春秋》，《世本》《国策》之于《史记》，其义犹是耳。唐后史学绝，而著作无专家。后人不知《春秋》之家学，而猥以集众官修之故事，乃于马、班、陈、范诸书并列正史焉。

---

① 纪　底本作"记"，据《文史通义校注》（p.471）改。

于是史文等于科举之程式、胥吏之文移，而不可稍有变通矣。

又云：

> 三代以上之为史，与三代以下之为史，其同异之故可知也。三代以上，记注有成法，而撰述无定名；三代以下，撰述有定名，而记注无成法。夫记注无成法，则取材也难；撰述有定名，则成书也易。成书易，则文胜质矣；取材难，则伪乱真矣。伪乱真而文胜质，史学不亡而亡矣。……何谓周官之法废而书亡哉？盖官礼制密而后记注有成法，记注有成法而后撰述可以无定名。……马、班以下，演左氏而益畅其支焉，所谓记注无成法而撰述不能不有定名也。……后史失班史之意，而以纪表志传同于科举之程式①、官府之簿书，则于记注、撰述，两无所似……而史学之失传也久矣。

章氏论史德，以为作史者当有"史才""史学""史识"。史所贵者义、事、文。识以断义，学以练事，才以善文。记诵以为学，击断以为识，辞采以为才，此非史识。所谓"史识"，乃指"史德"而言。他说：

---

① 纪表志传　底本作"志表记传"，据《文史通义校注》（p.50）改。

学问文章，聪明才辨，不足以持世，所以持世者，存乎识也。所贵乎识者，非特能持风尚之偏而已也，知其所偏之中，亦有不得而废者焉。非特能用独擅之长而已也，知己所擅之长，亦有不足以该者焉。不得而废者，严于去伪而慎于治偏，则可以无弊矣。不足以该者，阙所不知而善推能者[①]，无有其人，则自明所短而愚以待之，亦可以无欺于世矣。夫道公而我独私之，不仁也。风尚所趋，循环往复，不可力胜；乃我不能持道之平，亦入循环往复之中，而思以力胜，不智也。不仁不智，不足以言学也。

"所谓公者"，乃是不窃取前人成法之意。"古未有窃人之言以为己有者。伯宗梁山之对，既受无后之消，而且得蔽贤之罪矣。古未有窃人之文以为己有者。屈平属草稿未定，上官大夫见而欲夺，既思欺君，而且以谗友。窃人之美等于窃财之盗，其弊由于自私其才智，而不知归公于道也。"所以他以为"史识"必先有"史德"，"史德"必先知"公""私"之分；如此，方可以言著史。因为他所论的是一人专家之史；专家之史易于偏私而废公，如陈寿之于《诸葛亮传》，故屡屡言之。至于官修之史，则成于众人之手，自不易徇私而伪；但官修之史既为章氏所反对，所以提出

---

① 推能者　底本作"能推者"，据《文史通义校注》（p.355）改。

"史才""史学""史识"，以矫正之，而尤重在"史识即史德"的一说。

章学诚氏所著书中，最为后人所称引的，是"六经皆史"一语。按此说初见于明代李卓吾的《焚书》，但所言不详，至章氏乃畅言之。所谓："六经皆史也……古人未尝离事而言理，六经皆先王之政典也。""古之所谓经，乃三代盛时典章法度见于政教行事之实。"《与孙星衍书》也说："愚之所见，以为盈天地间，凡涉著作之林皆是史学，六经特圣人取以垂训耳。子、集诸家，其源皆出于史。"其次是他论学重实践的话："古人之学，不遗事物。""异端之起，皆思之过而不习于事者也。""诸子百家之患，起于思而不学；世儒之患，起于学而不思。""言义理者似能思矣，而不知义理虚悬而无薄，则义理亦无当于道矣。"所以他常以文辞与志识并提，而以志识重于文辞。如：

　　修辞不忌夫暂假，而贵有载辞之志识与己力之能胜。

　　文辞犹三军也，志识其将帅也。

　　文辞犹舟车也，志识其乘者也。

　　文辞犹品物也，志识其工师也。

　　文辞犹金石也，志识其锤炉也。

　　文辞犹财货也，志识其良贾也。

　　文辞犹药毒也，志识其医工也。

他以为"学之贵于考征者，将以明其义理尔"；"诚得义理之所齐，而文辞以是为止焉，可以与言著作矣"。

《文史通义》中颇多指斥当时习俗的地方。自云："《文史通义》中间议论开辟，实有不得已而发挥，为千古史学辟其榛芜。然恐惊世骇俗，为不知己者诟厉，姑择其近情而可听者①，稍刊一二，以为就正同志之质，亦尚不欲遍示于人也②。"故陈奉兹赠章氏诗有句云："笔有雷霆声，訇訇止市哄。"③章氏《丙辰山中草》亦称："所草多属论文，是其所长，论锋所指，有时而激，激则恐失是非之平。他日归录《文史通义》，当去其芒角而存其英华。"读此，可以知道章氏是怎样一个审慎的人了。

---

① 姑　底本作"始"，据《文史通义新编新注》(p.694)改。

② 尚　底本作"当（當）"；遍（徧）底本作"偏"，皆据《文史通义新编新注》(p.694)改。

③ 此为曾燠诗。嘉庆二年五月，章以陈奉兹介，投曾。参见《姚名达文存·会稽章实斋先生年谱》(p.138)。或因此而误。

第六章 ○

所谓"史料"

孔子曰:"文献不足故也,足则吾能征之矣。"所谓"文献",实即史料。"史学"为研究历史的学问,"史料"乃是供给研究历史者的材料。古代有许多史书,不能称它做史学,只能称为史料。治哲学的可以全凭理想或假象以达到其目的,只须主观的玄思,不重客观的事实;而史学却非有真凭实据,不能妄自臆断。这真实的证据,便是"史料"。章实斋以为史学亡于唐,唐以后只有"记注"之学,即是承认唐代以后所作之史书,只能称之为史料而非史学。但两者可以相存,废其一不可。梁任公《中国历史研究法》:

> 史学所以至今未能变成一科学者,盖其得资料之道,视他学为独难。史料为史之组织细胞,史料不具或不确,则无复史之可言。史料者何?过去人类思想行事所留之痕迹,有

证据留至今日者也。思想行事留痕者本已不多；所留之痕，又未必皆有史料之价值。有价值而留痕者，其丧失之也又易。因必有证据，然后史料之资格备；证据一失，则史料即随之而湮沉。

所谓史料，不外乎两种：（甲）纸上的史料；（乙）纸上以外的史料。

（甲）纸上的史料。乃是以文字记录的史料。自有文字以后，人类社会的动态，或亦有用文字来记载的，留传至今，便是史料。其中可分为六种。

（1）旧史。旧史之目的，在乎记载史实，则自为正当的史料。但旧史是否全部可以依凭认为可靠之史料，则是一问题。如《三国志》病其太略，如无裴注，则其史料不甚周全。《魏书》人称秽史，以其褒贬不凭公理。《宋史》为元人所修，其中讹误甚多。《元史》纂修人不谙蒙古语，亦多与事实违背之处。但是旧史在今日，称之曰史料，当无问题。梁任公所谓"列传之价值不在其为史，而在其为史料"。因为在各朝史书之列传中，我们可藉以考究当时社会情形和文化动态。

旧史之中，正史向为一般人所公认可靠之信史，那么应为可靠之史料。但亦不尽然，作旧史者，一则因为当时政治环境所限，未能畅所欲言。如陈寿《三国志·诸葛亮传》不敢言死诸葛走生仲达事,《元史》不载顺帝系出瀛国公事,清代史料不称多尔衮烝太后事。这是一个缺点,使所记之事不能尽信。一则因求文字的简约,使记载不能详明,且有错误。《北周书》的"行文必《尚书》,出语皆《左传》",《新五代史》的掉文弄笔,求"因文而见道",则往往因文字而牺牲事实。清国史馆《万斯同传》,载其作《明史稿》之言曰:

> 昔人于《宋史》已病其繁,而吾所述倍焉。非不知简之为贵也;吾恐后之人务博而不知所裁,故先为之极,使知吾所取者有可损,而所不取者必非其事与言之真。

这是作史者应有之态度。正史之外,可以作史料的,尚有其他别史、杂史。杂史之属,其中所有的史料是往往超过正史。如后人欲明白南宋的社会情形,则《梦粱录》等所载实较《宋史》中多出若干倍①;欲明白周武王伐罪的情形,则《逸周书·克殷》《世俘》诸篇较之《尚书》《史记》所载为详。所以欲求史料的准确与详细,除正史之外,当多采其他杂史。

（2）经部诸书。"六经皆史","经"字本是后人尊奉圣教而定的名称,则经部诸书均可认为史料。《易经》为殷、周之际的史

---

① 粱　底本作"梁",据史实改。

料;《仪礼》为周代春秋以前的史料;《周礼》中的一部分是战国时史料;《二戴礼》是周末汉初的史料。《诗经》有史诗之性质的一部分，亦是史料。

（3）子部诸书。子部之书虽不为史而作，但其中往往显示作者的时代背景与其哲学所发生的背景。同时，如医药等等，实亦文化史所当取资。

（4）集部诸书。章学诚说："文集者，一人之史也。"如《楚辞》，本系文学，但足以藉之考求当时南方楚民族之文化，及其社会情形；班固的《两都赋》、张衡的《两京赋》，可以藉见汉代京师的情形；杜甫、白居易诗，亦可藉见其本身所表现之社会，及其作品中所显露的当时之社会的优劣点。不特集部如此，其他小说、戏曲亦有可以供给史料的。如现代要知道金、元院本的情形，颇觉不易，但明周宪王杂剧中及《水浒传》雷横枷打白秀英一节中，亦可供给一小部分材料。其他类书辑佚，均是采取史料的地方。同时注疏之中，亦可发现名贵之史料。如汉代角技之戏，见于《两都赋》的注中。

（5）关于史迹之文字。此一项中，分类实繁，今举重要的来说。

（a）档案。如皇帝或太后谕旨，大臣奏疏、咨文、布告，外交官往来照会公文等属之。如云南马嘉理案发生，英使威妥玛欲将惋惜之旨刊入《京报》，大臣不可，李鸿章许之，而总署大臣仍持异议。可见朝臣之重视之、疆吏亦欲得之，藉以明朝廷之刑赏、大臣之黜陟。故宫博物院有《文献丛编》《掌故丛编》《史料旬刊》，均属此类。

（b）私人选辑之史料。正史之作，其中的史料，也有取材于私人选辑的史料的。这种史料至近世而大增，如《清季外交史料》《六十年来中国与日本》《近代中国外交史资料辑要》及《英文中国近代历史文选》（商务，辑者为 Mac-Nair）。

（c）方志。方志之修，实为一部分的国史，其中史料之多，自不待言。而其中亦有因编制失当漏遗甚多者，但亦有足以据为事实的考证的。如咸丰十年江南大营第二次溃散，普通书籍中均称镇江因而失守，但《镇江县志》载有冯子材固守，独未陷失，可以作证。

（d）信件。信件之史料价值，有时在档案之上，如《道咸同光名人手札》中，可以看到清季若干事件之真相。又如《李文忠公（鸿章）尺牍》中，可以见到当时长崎中国水兵与日捕械斗之大案，实起于华兵之恋妓，这是官书公文中从未说起的事。但名人子孙多所顾虑，将先人信札，常加删改。如郭嵩焘《萝华山馆遗集》[①]，其子所辑，关于信件，中称删去"有关忌讳之文"。因此而失了史料之价值的，正不知有多少！

---

① 郭嵩焘　底本作"郭嵩焘"。按，《郭嵩焘全集·十四》（p.328）载，郭嵩焘曾撰《〈萝华山馆遗集〉序》云，此集为其弟郭崑焘之诗文集，据改。

（e）日记。按日记其亲身经历之日记，亦有足为史料者。如华桐流衲的《甲行日注》，足以见到明末清初一班智识者的苦闷与苦楚。又如《翁同龢日记》中记中日战后政府应付之困难情形，又如《景善日记》记"拳匪"之琐事。其中均有足采者。

（f）禁书。清代讳言满族，论女真者，常列为禁书。如小说《岳传》。于是清亡以后，士大夫均认禁书为重要的史料，因而矫枉过正，根据传说而加以诬蔑。又如太平天国事，有《太平天国史料第一集》《太平天国有趣文件十六种》等，均系重要之史料。

（6）外国人之著述。唐代有阿刺伯人侨商中国，曾作游记，内述及黄巢陷广州的情形，是很可珍贵的史料。其次如马可勃罗仕于元，居中国十六年，曾作一游记，研究元代大事及社会情形甚详。又有波斯人拉施特仕元太祖成吉思汗，奉敕修《元史》，以波斯文写之。清洪钧使俄得此书，参以他书，成《元史译文证补》三十卷，为治元史最精诣的材料。近代史料，如 Morse 的 *International Relations of the Chinese Empire*，Joseph 的 *Foreign Diplomacy in China*，Dennett 的 *Americans in Eastern Asia*；外国之杂志则有《中国社会及政治学报》（*Chinese Social and Political Science Review*），常有重要的论文发表。

（乙）纸上以外的史料。文字记录之史料既有未惬人意的地方，于是不得不求之于实物的证据。犹之研究文字学不但根据字形之研究，当得与古代之实物，互相印证。史学之研究，也是如此。纸上以外之史料，大别也可分为六种。

（1）传说。如果时代相去不远，遗老之传说，中有若干可以据为史料的。如洪、杨故事，尚有许多老年人曾亲历其境。三十余年前的甲午战役，亦有亲历或目睹的。探访而得之，也是可靠的史料。司马迁记时代不远之人物，常据传说作材料，如《淮阴侯传赞》"吾如淮阴，淮阴人为余言"等等。

（2）竹简木牍书。晋太康二年，汲郡人不准发安釐王冢，得竹书数十车，皆竹简素丝绹，简长二尺四寸，以墨书，一简四十字，凡《纪年》十三篇，《易经》二篇①，《易繇阴阳卦》二篇②，《卦下易经》一篇，《公孙段》二篇，《国语》三篇，《名》三篇③，《师春》一篇，《琐语》十一篇，《梁丘藏》一篇，《缴书》一篇，《生封》一篇，《穆天子传》五篇，《大历》二篇，杂书十九篇，凡七十五篇（见《晋书·束皙传》《荀勖传》）。此后萧齐时襄阳盗发楚王冢，得十余简，王僧虔以为是科斗书《考工记》（见《南齐书》）。又宋政和五年发地得木简一块（见黄伯思《东观余论》）④。惜传至现代，《竹书纪年》已是伪本，仅存《穆天子传》一书。《竹书纪年》中载夏启杀伯益、太甲杀伊尹、文丁杀季历等事，文见《束

---

① 二　底本作"一"，据《晋书》（p.1432）改。
② 繇　底本作"录（録）"，据《晋书》（p.1432）改。
③ 名　底本作"各"，据《晋书》（p.1433）改。
④ 思　底本作"熙"，据史实改。

皙传》①，今本皆已删去。此极珍贵的史料，湮没不传，极为可惜。清光绪三十四年，英人 A.Stein 在敦煌附近、罗布淖尔附近、于阗附近，得了古简牍多种，最古的有汉宣帝元康、神爵、五凤年号。王国维有《流沙坠简考释》，证明半为两汉物，半为晋物。对于汉、晋之间之烽堠地段、屯戍状况，均可考见。

（3）卷轴。清光绪末，法人白希和游甘肃之敦煌，在千佛洞石室中得所藏古写书，乃六朝及隋唐人所为卷子，及古梵文、古波斯文、突厥回鹘诸国文字。其百分之九十是佛典，其他经部则有未经天宝改字的《古文尚书孔传》及陆氏《尚书释文》、糜信《春秋穀梁传解释》、郑氏《论语注》、陆法言《切韵》；史部有孔衍《春秋后语》、唐时《西州》《沙州》诸图经②、慧超《往五天竺国传》；子部有《老子化胡经》《摩尼教经》《景教经》；集部有《云谣集杂曲子》及唐人通俗诗及小说，如《秦妇吟》《季布歌》《孝子董永传》等，均是宋元后之佚书。

（4）石刻。石刻之中可以分为两种：一为以文字书于石上之石碑，一为用雕刻刻成的石像。石碑之中如《大秦景教流行中国碑》，乃基督教初入中国的唯一掌故（唐代），下又有叙里亚文。今人单士厘《归潜记》有跋一篇，考证最精。又如元至正八年刻于居庸关之佛经，以蒙古、畏兀、女真、梵、汉五体刻之。又如

---

① 束皙　底本作"皙束"，据上文改。
② 沙州　底本作"沙川"，据史实改。

明正德六年的佚碑，可证犹太人犹太教入中国之久。其他如《丸都纪功刻石》①《沙南侯获刻石》《爨宝子碑》，均可作我族与他族交互往还之史料。石像如河南之龙门造像，山东之千佛、云门诸造像，其时代之雕刻艺术及社会的思潮，亦可资考证。

（5）古器。古器物为史料之一部分，人人都承认的。虽真赝不易辨，常常只给骨董家以好玩之资料，但古史古制，赖以发现的很多很多。今试别为七类：（一）鼎彝之属，（二）兵器之属，（三）度量衡器，（四）符玺之属，（五）货币之属，（六）玉石之属，（七）陶瓷之属。鼎彝、兵器之属，或以其形态，或考其款识，所谓"金文"或"钟鼎文"，已成文字学中的专门一科；度量衡器，可以资制度沿革的考证②；符玺可以考究当时兵制及官制；货币可以帮助研究当时之经济情形；玉石，一为地下的石器之研究，一为石鼓文字之考究，均是可贵的史料。其他如镜、壁画等物，亦有足为史料之帮助的。潘祖荫《攀古楼彝器款识自序》云：

古器自周、秦至今，凡有六厄。《史记》曰："始皇铸天下兵器，为十二金人③。"兵者戈戟之属，器者鼎彝之属，秦

---

① 丸　底本作"凡"；纪　底本作"记"，皆据《中国历史研究法》（p.56）改。

② 沿　底本作"治"，据文意改。

③ 为十二金人　底本作"铸为金人"，据《续修四库全书》第903册《攀古楼彝器款识》（p.1）改。

政意在尽天下之铜，必尽括诸器可知①。此一厄也。《后汉书》："董卓更铸小钱，悉取洛阳及长安钟簴、飞廉、铜马之属以充铸焉。"此二厄也。《隋书》："开皇九年四月，毁平陈所得秦汉三大钟，越三大鼓；十一年正月，以平陈所得古物，多为祸变，悉令毁之。"此三厄也。《五代会要》："周显德二年九月，敕两京诸道州府铜象器物诸色，限五十日内并须毁废送官。"此四厄也。《大金国志》："海陵正隆三年，诏毁平辽、宋所得古器。"此五厄也。《宋史》："绍兴六年，敛民间铜器；二十八年，出御府铜器千五百事付泉司。"此六厄也。

可见古代器物，传到现代的，只是百分之一、千分之一罢了。

考古之学，盛于宋代。王国维《宋代金文著录表序②》："赵宋以后，古器愈出。秘阁太常，既多藏器，士大夫如刘原父、欧阳永叔辈，亦复搜罗古器，征求墨本，复得杨南仲辈为之考释③，古文之学，勃焉中兴。"案，宋以来研究古器物文之书，有欧阳修之《集古录》、吕大临之《考古图》，以及《宣和博古图》、赵明诚《金石录》、黄伯思④《东观余论》、王俅《啸堂集古录》、薛尚

---

① 器　底本作"玉"，据《续修四库全书》第903册《攀古楼彝器款识》（p.1）改。

② 表　底本脱，据《王国维全集》第4卷（p.233）补。

③ 复（復）　底本作"后（後）"，据《王国维全集》第4卷（p.233）补。

④ 思　底本作"恩"，据《王国维全集》第4卷（p.234）改。

功《钟鼎款识》、王厚之《复斋钟鼎款识》等[①]。金文证史，其功最大。如周宣王伐狎狁事，为我民族上对外之一件大事，《诗经》所载，略而不详。王国维根据《小盂鼎》《虢季子白盘》《不毁敦》《梁伯戈》等金器[②]，作《鬼方昆夷狎狁考》等，又《不毁敦盖铭考释》两篇，考证周宣王伐狎狁事甚详。又如清刘心源《奇觚室吉金文述》释《匒鼎》[③]，考证西周时民间交易之状况。李济氏复以石器、铜器证殷民族文化的复杂，较之纸上之史实更为详尽，此皆史料之得于古器者。

（6）甲骨。清光绪二十五年，河南安阳小屯得龟甲兽骨。《史记·项羽本纪》："洹水南，殷虚上。"此为商代的故都，故称为"殷墟文字"或"殷墟书契"。甲骨最早的收藏者是清福山王懿荣，王氏殉身于义和团，其甲骨为《老残游记》之作者刘鹗所得。刘鹗印《铁云藏龟》，在序中定为殷人掌卜者的刀笔书。孙诒让作《契文举例》，又作《名原》一书，将《说文》、金文与甲骨文字相勘校。

使甲骨文的校订推进为古史之考证，是王国维的功绩。中国学术受甲骨之影响的是古史学。甲骨之出现，使史学者走入新的

---

① 厚 底本作"原"；复（復）底本作"后（後）"，据《王国维全集》第4卷（p.234）改。

② 盂 底本作"孟"，据《王国维全集》第8卷（p.378）改。

③ 源 底本作"原"；匒 底本作"习（習）"，据《中国历史研究法》（p.66）改。

研究的路途，如殷商一代帝系的考证、古代礼制的推究（王国维有《殷周制度论》）及古代社会生活之研究。陆懋德有《由甲骨文考见商代之文化》①，日本小岛裕马有《殷代的产业》。这实在是近代史料上的一新发现。王氏在甲骨文中研究所得，与现今所信任正史事实颇有不同。如商自成汤以前，绝无史实，《史记·殷本纪》只据了《世本》书其世次，而王氏在卜辞中发现王亥、王恒之名，又根据《山海经》②《竹书纪年》《楚辞·天问》《吕氏春秋》中的古代传说，于荒诞之神话，求得历史之事实。更由甲骨中发现上甲以下六代的世系，与《史记》纪、表颇有不同。又史称盘庚迁殷，即是宅亳。而王氏于《三代地理小记》中证明殷为北蒙，即今彰德。此是根据纸上以外的史料，来推翻纸上的史料的。

所谓"史料"，大抵如此。但是不能一得史料，不加研究，即认为是可靠的史实。史料之准确者固可以推进史学的研究，但不真实之史料反足以阻挠史的研究。所以得了史料之后，更进一步，得研究如何处置、如何辨别史料的方法。

---

① 懋　底本作"樵"，据史实改。
② 山　底本作"小"，据文意改。

第七章 ○

史料之取去与史学的关系

"史料"之来源已在上章说过了，因此，我们可以大胆地说一句"盈天地之内，无往而非史料"。但是史料只是史料，须加一番整理去取的工夫，而后始可成为"史书"。其审辨整理之精神态度，即是"史学"。

蔡元培在《明清史料》一书序文中，曾有"史学本是史料学"的话；这种说法我不敢承认，但我却不能否认史料与史学关系之密切。因为史料实是研究史学者所必须取资的材料。

史料之中，可分为"直接史料"与"间接史料"两种。直接史料距此史迹发生的日期同时或相去不远。这种史料不易获得。"间接史料"，如以百二十国宝书为材料的《国语》，以《国语》《世本》《战国策》为材料的《史记》，其中所述史迹距发生的时代有百年或千年之久。我国正史大抵多取材于间接的史料，但亦间有采用直接材料的，试举例以证之。

（甲）私家所修之史所取之直接材料。《史记》：

（1）关于人者。

    《项羽本纪》："吾闻之周生。"（孔文祥曰：周生，汉之儒者。）

    《赵世家》："吾闻冯王孙曰：'赵王迁，其母倡也。'"

    《卫将军骠骑列传》："苏建语余曰：'吾尝责大将军……'"

    《樊郦滕灌列传》："余与他广通，为言'高祖功臣之兴时若此'云。"

    《陆贾列传》："至平原君子与余善，是以得具论之。"

以上是闻之于一人的。又如：

    《魏世家》："吾适故大梁之墟，墟中人曰：'秦之破梁，引河沟而灌大梁①，三月城坏。'"

    《苏秦列传》："世言苏秦多异，异时事有类之者，皆附之苏秦。"

    《樗里子甘茂甘罗列传》："秦人谚曰：'力则任鄙，智则樗里。'"

---

① 灌　底本作"过（過）"，据《史记》（p.1864）改。

《孟尝君列传》："问其故，曰：'孟尝君招致天下任侠奸人入薛中，盖六万余家。'"

《刺客列传》："始公孙季功、董生与夏无且游，具知其事，为余道之如是。"

《淮阴侯列传》："吾如淮阴，淮阴人为余言。"

以上是闻之于许多人的。

（2）见其地者。

《齐太公世家》："吾适齐，自泰山属之琅邪，北被于海，膏壤二千里，其民阔达多匿知，其天性也。"

《孔子世家》："适鲁，观仲尼庙堂车服礼器。"

《伯夷列传》："余登箕山，其上盖有许由冢云。"

《孟尝君列传》："吾尝过薛，其俗闾里率多暴桀子弟，与邹、鲁殊。"

《魏公子列传》："吾过大梁之墟，求问其所谓夷门。"

《春申君列传》："吾过楚，观春申君故城宫室，盛矣哉。"

《屈原贾生列传》："适长沙，观屈原所自沉渊。"

《蒙恬列传》："吾适北边，自直道归，行观蒙恬所为秦筑长城亭障。"

《淮阴侯列传》："吾如淮阴。"

《樊郦滕灌列传》："吾适丰、沛，问其遗老，观故萧、曹、樊哙、滕公之家，及其素，异哉所闻！"

《龟策列传》："余至江南，观其行事，问其长老。"

（3）见其人者。

《李将军列传》："余睹李将军，悛悛如鄙人，口不能道辞。"

《游侠列传》："吾视郭解，状貌不及中人，言语不足采者。"

（4）见其事者。

《封禅书》："余从巡祭天地诸神名山川而封禅焉，入寿宫，侍祠神语，究观方士祠官之言①，于是退而论次。"

《河渠书》："余南登庐山，观禹疏九江，遂至于会稽、太湟，上姑苏，望五湖；东窥洛汭、大邳②；迎河，行淮、泗、济、漯、洛、渠；西瞻蜀之岷山及离碓③；北自龙门至于朔方。曰：'甚哉，水之为利害也！'余从负薪塞宣房，悲《瓠

---

① 士　底本作"土"；言　底本作"意"，据《史记》（p.486）改。
② 邳　底本作"伾"，据《史记》（p.1415）改。
③ 碓　底本作"确（確）"，据《史记》（p.1415）改。

子》之诗而作《河渠书》^①。"

《韩长孺列传》："余与壶遂定律历，观韩长孺之义，壶遂之深中隐厚，世之言梁多长者，不虚哉！"

（乙）私家所修之史所取之间接材料，如《史记》：

（1）遗闻古事。

《太史公自序》："天下遗闻古事，靡不毕集太史公。"

又：厥协六经异传，整齐百家杂语。

《五帝本纪》："然《尚书》独载尧以来，而百家言黄帝，其文不雅驯，荐绅先生难言之。孔子所传宰予问《五帝德》及《帝系姓》，儒者或不传。"

（2）古史。

《殷本纪》："自成汤以来，采于《书》《诗》。"

《十二诸侯年表》：太史公读《春秋历谱谍》《左氏春秋》《铎氏微》《虞氏春秋》《吕氏春秋》。

《乐书》："太史公曰：余每读《虞书》……"

---

① 悲 底本作"想"，据《史记》（p.1415）改。

《三代世表》："余读谍记：黄帝以来，皆有年数……以《五帝系谍》《尚书》集世纪黄帝以来，迄共和，为《世表》。"

《六国年表》：《秦记》不载日月[1]……因《秦记》，踵《春秋》之后。

《吴太伯世家》："余读《春秋》古文，乃知中国之虞，与荆蛮、句吴，兄弟也。"

（3）诸子及杂书。

《秦始皇本纪》：述六石刻辞。

《历书》："《历术·甲子篇》。"

《伯夷列传》："其传曰：'伯夷、叔齐，孤竹君之二子也。'"（《索隐》：其传，盖《韩诗外传》《吕氏春秋》也。）

《司马穰苴列传[2]》："余读《司马兵法》。"

《商君列传》："余尝读商君开塞耕战书，与其人行事相类。"

《孟子荀卿列传》："余读《孟子》书。"

《屈原贾生列传》："余读《离骚》《天问》《招魂》《哀郢》，悲其志。"

《太史公自序》：迁为太史令，䌷石室金匮之书。

---

[1] 记　底本作"纪"，据《史记》（p.686）改。下文径改。
[2] 司马穰苴列传　底本作"管晏列传"，据《史记》（p.2160）改。

《惠景间侯者年表》："太史公读列封。"

《陆贾列传》："余读陆生《新语》十二篇，固当世之辩士。"

《儒林列传》："余读功令，至于广厉学官之路，未尝不废书而叹也！"

（丙）史馆官修之史，取于直接史料者，绝无仅有，几全部为间接的史料。如《晋书》本于陆机的《三祖纪》，《宋书》本于何承天的纪传，《南齐书》本于沈约《齐纪》、江淹《十志》，《梁书》本于刘璠的《梁典》，《陈书》本于顾野王之著作，《魏书》本于崔浩之书，《北齐书》本于祖孝征之《黄初传》，《周书》本于牛弘之《周纪》，《隋书》又本于王劭之书。大抵承前人的著作而改编成一代的新史的，除本前人已成之史书以外，其间接史料之来源，大抵不外乎五种书籍[①]。

（1）起居注[②]。汉武帝《禁中起居》为起居之始。《文献通考·职官考》：

> 凡宣徽、客省、四方馆、阁门、御前忠佐引见司制置，进贡、辞谢、游幸、宴会、赐赉、恩泽之事，五日一报。翰

---

① 五 底本作"三"，据文意改。
② 1 底本作"4"，据文意改。

林麻制、德音、诏书、敕榜该沿革制置者，门下、中书省封册，告命进奏院四方官吏风俗美恶之奏，礼宾院诸蕃职贡、宴劳、赐赍之事，并十日一报。吏部文官除拜选调沿革，兵部武臣除授、司封封建、考功谥议行状，户部土贡旌表、州县废置，刑部法令沿革，礼部奏贺祥瑞贡举品式，祠部祭祀画日、道释条制，太常雅乐沿革，礼院礼仪制撰，司天风云气候、祥异证验，宗正皇属封建出降、宗庙祭享制度，并月终而报。盐铁金谷增耗，度支经费出纳，户部版图升降，咸岁终而报。每季撰集以送史馆，是岁令审刑院奏复，有所谕旨可垂戒者，并录送院。

（2）时政记。《新唐书》有史官姚璹所作《时政记》二十卷。元置时政科，以事付国史馆。

（3）实录。亦史官所记。唐玄宗一朝之实录，有二千余卷之多。

（4）日历。唐元和中，韦执谊奏请史官撰录。以每日之事记之。

（5）其他。

私人所著之史，或离史迹之时代不远，或本诸当时著述，故可采及直接史料；又以一人所作，书中举出直接史料之来源较易。众人所著之史，必与政府合作；政府著史，必定在于事迹相去若干时日以后，其直接材料较为难得。是以后世之史，取材于间接史料为多。

因此在史学上占重要的地位的是间接史料。间接史料年代愈早，则与直接史料之接触的机会愈多，所以它的可信之程度愈强。如《史记》、《古史考》（谯周）、《帝王世纪》（皇甫谧）、《路史》（罗泌）等，均记上古的史事，而年代以《史记》为最早，则当以《史记》为较可信的史料。但亦有例外，有时可信的资料反而后出。如柯劭忞的《新元史》实在比明初所修的《元史》为佳。因为元代重要的史料，如《元秘史》《亲征录》等，明初史馆中人不能见，而柯氏得见。同时对于间接史料又宜审查作者的史德如何、史识如何，又察其人所处的地位如何。以史德论，则魏收之书不尽可信；以史识论，则以万斯同史稿所作之《明史》，必较脱脱监修之《宋史》为优；以地位论，一件事情的真相，有时在当时不能宣布，在远代乃能得之，如陈寿早于范晔，但记汉、魏之间的事，晔之书较为可信。

梁任公云："史料以求真为尚。真之反面有二：曰误，曰伪。正误辨伪，是谓鉴别。"他曾提出几条：

有明明非史实而误为史实者。

有心理上的史迹脱化原始史迹而丧其本形者。

有明知其极不可信，而苦无明确之反证以折之者。

有同一史迹而史料矛盾者。

此四误之正，全在学者之自修力量。如明明非史实而误为史实，乃是心理上的错误，对于此事未加深考，即含糊认为史实。各种史迹每一度从某时代之人之脑中滤过，则不知不觉间辄微变其质。无反证以折的史料，其辨正的方法，第一步消极地表示怀疑态度，第二步遇有旁生的触发，不妨换一方向研究，先立假说以待后来的审定；经几番归纳的研究，这假设或能成为定案。同一史迹而矛盾的，当以当地、当时、当局之人所留下之史料为第一等史料。

梁任公曾举伪事之种类七例，今举其要：

（1）其史迹本为作伪的性质，史家明知其伪而因仍以书之者。如汉、魏、六朝篡禅之种种作态，即其例也。

（2）有虚构伪事而自著书以实之者。其最著之一例，则隋末有妄人曰王通者，自比孔子，乃假作《文中子》。

（3）有事迹纯属虚构，然已公然取得"第一等史料"之资格，几令后人无从反证者。如洪秀全之擒杀①。

（4）有事虽非伪而言之过当者。无论何部分之史，恐"真迹放大"之弊，皆所不免。

① 秀 底本作"大"，据《中国历史研究法》（p.97）改。

（5）史文什九经后代编史者之润色，故往往多事后增饰之语。例如《左传》庄二十二年记陈敬仲卜辞，苟非田氏篡齐后所记，天下恐无此确中之预言。

（6）有本意并不在述史，不过借古人以寄其理想；故书中所记，乃著者理想中人物之言论行事，并非历史上人物之言论行事。此种手段，先秦诸子多用之，一时成为风气。又中国著述家所记史迹，往往用"印板文字"阅时而再现者。

（7）有纯属文学的著述，其所述史迹，纯为寓言，彼固未尝自谓所说者为真事迹也，而愚者刻舟求剑，乃无端引起史迹之纠纷。如《庄子》"鲲化为鹏，其大几万里"，倘有人认此为庄周所新发明之物理学，或因此而诋庄周之不解物理学，吾侪必将笑之。

前人又论辨证史料应采之态度七条，今全录之，以作研究史料学的参考。

第一，辨证宜勿支离于问题以外。例如《孟子》："万章曰：'尧以天下与舜，有诸？'孟子曰：'否。……'"吾侪读至此，试掩卷一思，下一句当如何措词耶？嘻！乃大奇！孟子曰："天子不能以天下与人。"此如吾问："某甲是否杀某乙？"汝答曰："否，人不应杀人。"人应否杀人，此为一问

215

题，某甲曾否杀某乙，此又为一问题，汝答非我所问也……诸如此类，皆支离于本问题以外，违反辨证公例，学者所首宜切戒也。

第二，正误与辨伪，皆贵举反证……反证以出于本身者最强有力，所谓以矛陷盾也。例如《汉书·艺文志》云：“武帝末，鲁共王坏孔子宅，得《古文尚书》……孔安国献之，遭巫蛊事，未列于学官。”吾侪即从《汉书》本文，可以证此事之伪。其一，《景十三王传》云：“鲁共王余以孝景前二年立 ①……二十八年薨，子安王光嗣。”景帝在位十六年，则共王应薨于武帝即位之第十三年，即元朔元年也。武帝在位五十四年，则末年安得有共王？其二，孔安国，《汉书》无专传，《史记·孔子世家》云：“安国为今皇帝博士，蚤卒。”《汉书·兒宽传》云：“宽诣博士受业孔安国，补廷尉史，廷尉张汤荐之。”考《百官表》，汤迁廷尉，在元朔三年；安国为博士，总应在此年以前。假令其年，甫逾二十，则下距巫蛊祸作时，已过五十，安得云蚤卒？既已蚤卒，安得作书于巫蛊之年耶……《艺文志》所记此二事，必伪无疑也。

第三，伪事之反证，以能得“直接史料”为最上。例如鱼豢《魏略》谓：“诸葛亮先见刘备，备以其年少轻之。亮说

---

① 前　底本脱，据《中国历史研究法》（p.100）补。

以荆州人少，当令客户皆著籍以益众。备由此知亮。"陈寿《三国志》则云："先主诣亮，凡三往乃见。"檠与寿时代略相当，二说果孰可信耶？吾侪今已得最有力之证据，则亮《出师表》云："先帝不以臣卑鄙，三顾臣于草庐之中。"苟吾侪不能证明《出师表》之为伪作，又不能证明亮之好妄语，则可决言备先见亮，非亮先见备也。又如《魏略》云："刘备在小沛生子禅。后因曹公来伐出奔；禅时年数岁，随人入汉中，有刘括者养以为子。"欲证此事之伪，则后主即位之明年，诸葛亮领益州牧，与主簿杜微书曰"朝廷今年十八"，知后主确以十七岁即位。若生于小沛，则时已三十余岁矣。此史料虽非禅亲自留下，然出于与彼关系极深之诸葛亮，其权威亦相等也。又如《论衡》辨淮南王安之非升仙，云："安坐反而死，天下共闻。"安与司马迁正同时，《史记》叙其反状死状，始末悉备。故迁所记述，其权威亦不可抗也。（右三则）第一例由当事人自举出反证，第二例由关系人举出反证，第三例由在旁知状之见证人举出反证，皆反证之最有力者也。

第四，能得此种强有力之反证，则真伪殆可一言而决。虽然，吾侪所见之史料，不能皆如此完备。例如《孟子》中，万章问孔子在卫是否主痈疽，孟子答以"于卫主颜雠由"。此次答辩，极合论理，正吾所谓举反证之说也。虽然孟子与万章皆不及见孔子，孟子据一传说，万章亦据一传说，遇此类问题，则对于所举反证，有一番精密审查之必要。

第五，时代错迕，则事必伪，此反证之最有力者也。例如《商君书·徕民》篇有"自魏襄以来"语，有"长平之胜"语。魏襄死在商君死后四十二年，长平战役在商君死后七十八年，今谓商君能语及此二事，不问而知其伪也。《史记·扁鹊传》既称鹊为赵简子时人，而其所医治之人，有虢太子，有齐桓侯等，先简子之立百三十九年而虢亡，田齐桓侯午之立，后简子死七十二年，错迕纠纷至此，则鹊传全部事迹，殆皆不能置信矣。

第六，有其事虽近伪，然不能从正面得直接之反证者，只得从旁面间接推断之。若此者，吾名曰比事的推论法。例如前所举万章问"孔子于卫主痈疽"事，同时又问"于齐主侍人瘠环"。孟子答案于卫虽举出反证，于齐则举不出反证，但别举"过宋主司城贞子"之一旁证。吾侪又据《史记·孔子世家》，称孔子游齐主高昭子，二次三次游卫皆主蘧伯玉，因此可推定孔子所主皆正人君子，而痈疽、瘠环之说皆伪也。又如鲁共王、孔安国与《古文尚书》之关系，既有确据以证其伪；河间献王等与《古文毛诗》之关系，张苍与《古文左传》之关系，亦别有确据以证其伪；则当时与此三书同受刘歆推奖之《古文周官》《古文逸礼》，虽反证未能完备，亦可用"晚出古文经盖伪"之一假说略为推定矣。此种推论法，应用于自然科学界，颇极稳健；然应用于历史时，或不免危险。因历史为人类所造，而人类之意志、情感常自由发动，不易执一以律其他也。

第七，有不能得"事证"而可以"物证"或"理证"明其伪者，吾名之曰"推度的推论法"。例如旧说有明建文帝逊国出亡之事，万斯同斥其伪，谓"紫禁城无水关，无可出之理"。此所谓"物证"也。又如旧说有"颜渊与孔子在泰山望阊门[①]、白马，颜渊发白齿落"之事，王充斥其伪，谓"人目断不能见千里之外"，又言"用睛暂望，影响断不能及于发齿"[②]，此皆依据生理学上之定理以立言，虽文籍上别无他种反证，然已得极有价值之结论。此所谓"理证"也。吾侪用此法以驳历史上种种不近情理之事，自然可以廓清无限迷雾。但此法之应用，亦有限制，其确实之程度盖当与科学智识并进。例如古代有指南车之一事，在数百年前之人，或且度理以断其伪，今日则正可度理以证其不伪也。然则史中记许多鬼神之事，吾侪指为不近情理者，安知他日不发明一种"鬼神心理学"，而此皆为极可宝之资料耶？虽然，吾侪今日治学，只能以今日之智识范围为界，"于其所不知，盖阙如"，终是寡过之道也。

史料之学，头绪之纷繁如此，而与史学关系之密切又如此。

---

① 阊 底本作"间"，据《中国历史研究法》（p.105）改。
② 响 底本脱，据《中国历史研究法》（p.105）补。

所以史料之去取，必须极细心严密地考究，才能得到帮助。研究一种学问，最不妥当的是"想当然尔"，刚愎武断，不求证例，全凭一己的主观。《韩非子》说："无参验而必之者，愚也；弗能必而据之者，诬也。"这句话正针对着一般太信史料与太不信史料的人们说的。不分皂白地信任一切史料，自是错误；不郑重考虑，将一切史料全盘推翻，斥之为无用，亦是大错。前一病"释古派"的史学者犯了它，后一病"疑古派"的史学者犯了它。只有"考古派"，能以纯学者的态度将一切史料审慎地考究，然后再将可以成为定论的结果供献给世人。今再将梁氏所说治史学的态度录之于后，以作这章的结论：

> 治学当如何大无畏，虽以数十种书万口同声所持之说，苟不惬于吾心，不妨持异同，但能得有完证，则绝无凭藉之新说，固自可以成立也。吾又以为善治学者，不应以问题之大小而起差别观。问题有大小，研究一问题之精神无大小。学以求真而已。大固当真，小亦当真。一问题不入吾手则已，一入吾手，必郑重忠实以赴之。夫大小岂有绝对标准？小者轻轻放过，浸假而大者亦轻轻放过，则研究之精神替矣。吾又以为学者而诚欲以学饷人，则宜勿徒饷以自己研究所得之结果，而当兼饷以自己何以能研究得此结果之途径，及其进行次第，夫然后所饷者，乃为有源之水而挹之不竭也。

余论

第四编

第一章 ○

注史与论史

史籍既多，于是注释考证，因而踵起。刘知幾述其源流说：

> 昔《诗》《书》既成，而毛、孔立传，传之时义，以训诂
> 为主，亦犹《春秋》之传，配经而行也。降及中古，始名传
> 曰"注"。盖"传"者，转也，转授于无穷；"注"者，流也，
> 流通而靡绝：惟此二名，其归一揆。

因此"传"与"注"乃是同样的东西。同时注史者又多异名，如
裴骃注《史记》，名曰"集解"；张守节注《史记》，名曰"正义"；
司马贞注《史记》，而名曰"索隐"；颜师古注《汉书》，而名曰
"注"。名虽各异，而其所以补史书的遗漏费解之目的则同。但依
他们注释、考据之方法言之，可以分为"注史"与"论史"两种。
"注史"之中，又可分为"注训诂"与"注事实"两种；"论史"

之中，亦又别为"论史事"与"论史例"两种。复分述列表于后：

（甲）注史

（1）注训诂；（2）注事实。

（乙）论史

（1）论史事；（2）论史例。

注史之书，刘氏之《史通·补注》篇中分为三类："史传小书，人物杂记，若挚虞（按，一作赵岐）之《三辅决录》、陈寿之《季汉辅臣》、周处之《阳羡风土》、常璩之《华阳士女》，文言美辞，列于章句，委曲叙事，存于细书，此之注释，异夫儒士者矣。"（《季汉辅臣赞》，三国蜀杨戏作。其所颂述，今多载于《蜀书》。）此类于本文之外增补事实，为注家之变体。此为第一类。"次有好事之子，思广异闻，而才短力微，不能自达，庶凭骥尾，千里绝群。遂乃掇众史之异辞[①]，补前书之所阙。若裴松之《三国志》、陆澄刘昭两《汉书》、刘彤《晋纪》、刘孝标《世说》之类是也。"此类全补事实，为第二类。"亦有躬为史臣，手自刊补，虽志存该博，而才阙伦叙，除烦则意有所吝，毕载则言有所妨。遂乃定彼榛楛，列为子注。若萧大圜《淮海乱离志》、羊衒之

---

① 众　底本脱，据《史通》（p.122）补。

《洛阳伽蓝记》、宋孝王《关东风俗传》、王劭《齐志》之类是也。"
此为第三类。又论其得失道：

> 少期集注《国志》，以广承祚所遗，而喜聚异同，不加刊
> 定，恣其击难，坐长烦芜[①]。观其书成表献，自比蜜蜂兼采，
> 但甘苦不分，难以味同萍实者矣。陆澄所注班史，多引司马
> 迁之书，若此缺一言[②]，彼增半句，皆采摘成注，标为异说，
> 有昏耳目，难为搜览。窃惟范晔之删《后汉》也，简而且周，
> 疏而不漏，盖云备矣。而刘昭采其所捐，以为补注，言尽非
> 要，事皆不急。譬夫人有吐果之核，弃药之滓，而愚者乃重
> 加捃拾，洁以登荐[③]，持此为工，多见其无识也。孝标善于攻
> 谬，博而且精，固以察及泉鱼，辨穷河豕。嗟乎，以峻之才
> 识，足堪远大，而不能探赜彪、峤，网罗班、马，方复留情
> 于委巷小说，锐思于流俗短书，可谓劳而无功，费而无当者
> 矣。自兹已降，其失逾甚。若萧、羊之琐杂，王、宋之鄙碎，
> 言殊拣金，事比鸡肋，异体同病，焉可胜言。大抵撰史加注
> 者，或因人成事，或自我作故，记录无限，规检不存，难以
> 成一家之格言，千载之楷则[④]。凡诸作者，可不详之？

---

① 坐　底本作"生"，据《史通》(p.123) 改。
② 此　底本脱，据《史通》(p.123) 补。
③ 洁（潔）　底本作"源"，据《史通》(p.123) 改。
④ 楷　底本作"指"，据《史通》(p.123) 改。

按，刘氏的分类多所未当。注史之方法，实分为二类，如上所述。但注训诂者只负解释字音、字义的责任，注事实者则为补苴本书之未尽，不厌其多，与本书相辅而行。裴骃、徐野民之于《史记》，应劭、如淳之于《汉书》，实于史学没有什么大关系。注事实之名著，则为裴松之的《三国志注》。《简明目录》云：

> 裴松之注引据博洽，至今为考证之资，中多补正事迹，而不及音义与故实。然亦间注数篇，疑欲为之而未竟也。

又及于训诂。《四库书目提要》：

> 其初意似亦欲如应劭之注《汉书》，考究训诂，引证故实，故于《魏志·武帝纪》"沮授"字则注"沮，音菹"，"犷平"字则引《续汉书·郡国志》注"犷平，县名，属渔阳"①，"甬道"字则引《汉书》②"高祖二年与楚战，筑甬道"，"赘旒"③字则引《公羊传》，"先正"字则引《文侯之命》，"释位"④字则引《左传》，"致届"⑤字则引《诗》，"绥爰"字、"率

---

① 犷　底本作"扩"，据《钦定四库全书总目》（p.623）改。
② 书　底本脱，据《钦定四库全书总目》（p.623）补。
③ 旒　底本作"毓"，据《钦定四库全书总目》（p.623）改。
④ 位　底本作"经（經）"，据《钦定四库全书总目》（p.623）改。
⑤ 届　底本作"庙（廟）"，据《钦定四库全书总目》（p.623）改。

俾"字、"昏作"字则皆引《书》，"纠虔天刑"①字则引《国语》②。至《蜀志·郤正传·释讥》③一篇，句句引古事为注，至连数简。又如《彭羕传》之"苹"不训"老"④，《华佗传》之"彀"本似"彍"，《秦宓传》之"棘""苹"异文，《少帝纪》之"叟""更"异字，亦间有所辨证。其他传文句则不尽然。然如《蜀志·廖立传》首，忽注其姓曰"补救切"⑤；《魏志·凉茂传》中，忽引《博物志》注一"谡"字之类⑥，亦间有之。

因为注事实的本不重于训诂，故详略不定，且兼亦略及字音。他注史之六体，实足以补原书之不足。钱大昕《廿二史考异》列举裴松之注《三国志》所引用之书，与史家有关者，凡百四十余种，足见他搜罗之广博了。

《隋书·经籍志》有刘宝的《汉书驳议》、姚察的《定汉书疑》，虽与注事实之注史略有不同，而其从事于发现真事、求得征信之目的则同。司马光自订《通鉴考异》三十卷，亦同此例。清

---

① 刑　底本脱，据《钦定四库全书总目》（p.623）补。
② 语　底本作"志"，据《钦定四库全书总目》（p.623）改。
③ 郤　底本作"却（卻）"，据《钦定四库全书总目》（p.623）改；讥（譏）底本作"海"，《钦定四库全书总目》（p.623）作"海"，据《三国志》（p.1034）改。
④ 羕　底本作"义（義）"，据《钦定四库全书总目》（p.623）改。
⑤ 救　底本作"枚"，据《钦定四库全书总目》（p.623）改。
⑥ 注　底本脱，据《钦定四库全书总目》（p.623）补。

代钱大昕《廿二史考异》、王鸣盛《十七史商榷》、赵翼《廿二史劄记》，关于一书一篇一事的考证，能析入毫芒，亦属于后一类，与史学史料学有很大的影响。

史注之重要，在乎求事实之真相，故与史书并行相辅。注训诂的帮助史书之文章使它明白流畅，亦未尝无功。章实斋又以为注史又有家学之关系。以古人专门之学，必有心传，口授其徒，乃成为史注。《史记》一书由他外孙杨恽传布；马融从班固女弟受业，始传《汉书》；陈、范二史有松之、章怀为之注。足证史学家法，在六朝时尚未亡绝。范冲①修《神宗实录》，别作《考异》五卷，乃是知后无可代之人，乃自为之解。故称史学亡于唐代。此种见解，是否准确，尚俟商酌，但亦是一说，录之以备参考。

论史一项，旧称史评。《四库书目提要》史部史评类叙中说：

> 《春秋》笔削，议而不辨；其后"三传"异词。《史记》自为序赞，以著本旨，而先黄老，后六经，退处士，进奸雄；班固复异议焉。此史论所以繁也。其中考辨史体，如刘知幾、倪思诸书，非博览精思，不能成帙，故作者差稀。至于品骘旧闻，抨弹往迹，则才翻史略，即可成文。此是彼非，互滋簧鼓，故其书动至汗牛。又文士立言，务求相胜，或至凿空

---

① 范冲　底本误为"范仲淹"。据《宋史》（p.12906）改。

生义，僻谬不情，如胡寅《读史管见》，讥晋元帝不复牛姓者，更往往而有。故瑕颣丛生，亦惟此一类为甚。

它也将史评分为两类，一为"考辨史体"之史评，一为"抨弹往迹"之史评。前者即是评史例，后者即是评史事。评史体者"非博览精思，不能成帙"；评史事者"才翻史略①，即可成文"。所以前者与史学有关，后者不过文人学习议论文的一种材料而已。

评史体的文章，已详上几章中，兹不复述。评史事的，最早见于《韩非子》。《难一》《难二》《难三》《难四》，均是举若干史实而论列的。不过他的目的是用以排斥儒家，另有作用而已。如论师旷援琴而撞平公事：

> 平公失君道，师旷失臣礼。夫非其行而诛其身，君之于臣也；非其行而陈其言，善谏不听，则远其身者，臣之于君也。今师旷非平公之行，不陈人臣之谏，而行人主之诛，举琴而亲其体，是逆上下之位，而失人臣之礼也。夫为人臣者，君有过则谏；不听，则轻爵禄以待之：此人臣之礼义也。今师旷非平公之过②，举琴而亲其体，虽严父不加于子，而师旷行之于君，此大逆之术也。臣行大逆，平公喜而听之，是

---

① 翻（繙）底本作"幡"，据上文改。
② 过（過）底本作"遇"，据《韩非子集解》（p.355）改。

失君道也。故平公之迹，不可明也，使人主过于听而不悟其失①。师旷之行，亦不可明也，使奸臣袭极谏而饰弑君之道。不可两明，此为两过。故曰平公失君道，师旷亦失臣礼矣。

先举史实而后加己意以评论，这是史论的滥觞。其后汉代有贾谊的《过秦论》，是为单篇的史论之始。大抵史论之所以发达，由于史书后面加以论赞。如《史记》本纪、世家、列传之后，又往往加以作者的议论，如《伯夷列传》则全抒司马迁氏一己的感慨：

或曰："天道无亲，常与善人。"若伯夷、叔齐，可谓善人者非耶？积仁絜行如此，而饿死。且七十子之徒，仲尼独荐颜渊为好学，然回也屡空，糟糠不厌，而卒蚤夭。天之报施善人，其何如哉！盗跖日杀不辜，肝人之肉，暴戾恣睢，聚党数千人，横行天下，竟以寿终。是遵何德哉！此其尤大彰明较著者也。若至近世，操行不轨，专犯忌讳，而终身逸乐富厚，累世不绝。或择地而蹈之，时然后出言，行不由径，非公正不发愤，而遇祸灾者，不可胜数也。余甚惑焉。傥所谓天道，是邪非邪？

---

① 其 底本脱，据《韩非子集解》（p.355）补。

以后即每史均有论赞，以为是必不可少之项目，而一般文人，又因此而作史论。史论之发达，实由于宋。宋代以对策取士，那么文人往往以史实来作练习议论文的题材。吕祖谦的《东莱博议》是一部史论专书，但其内容的空泛，也达于极点。苏氏父子以议论文出名，而其所作之史论，均以己意评骘事实。如苏洵之论管仲："功之成，非成于成之日，盖必有所由起；祸之作，不作于作之日，亦必有所由兆。则齐之治也，吾不曰管仲，而曰鲍叔；及其乱也，吾不曰竖刁、易牙、开方，而曰管仲。"苏轼之论范增："增之去，善矣；不去，羽必杀增。独恨其不早尔。……增之去，当于羽杀卿子冠军时也。"苏辙之论三国："汉高祖、唐太宗，是以智勇独过天下而得之者也；曹公、孙、刘，是以智勇相遇而失之者也。"均所谓事不干己，空言得失，正如《四库提要》所说，"此是彼非，互滋簧鼓"，"凿空生义，僻谬不情"。明清两代承其弊，多空泛的史论文章。如清管同亦作《范增论》，以为苏轼的见解是不妥当的："苏子瞻以项羽杀宋义为弑义帝之兆，而谓增之去当于其时。是不然。范增者，项氏之私人，而辅之以争天下者耳。其始说梁立义帝，其视帝也，犹奇货也；及其事羽，而事垂成，其视帝也，犹赘疣也。增且不乐有帝，夫何有于弑兆而去之！"此于史实，无所用其争辩，徒为文人们掉笔头之工具而已。

论史实诸作之中，比较有价值的，是王夫之的《读通鉴论》。王氏生于明末，目睹满洲的入中国，借史实以抒亡国之痛，极有关于民族思想的发挥。全书的宗旨，非夷狄，尊华夏，对于卖国投降的人非常痛恨；同时，他对于史上主和的人，也加以痛斥。如论夷狄："非石敬瑭延而进之，莫能如中国何也。杂华夷而两用之，其害天下也乃烈。"又说：

> 中国有明君良将，则夷以之衰；无人焉，则导之以中国之可欲，而人思掠夺，则中国以亡。延徽虽曰："我在此，契丹不南牧。"然其以贻毒中国者，不如中行衍之强匈奴即以安汉也。女真之陷汴，张瑴、郭药师之[①]使之也；蒙古之灭宋，吕文焕、刘整之使之也。阿骨打、铁木真，强悍可息也。宋之叛臣，以朝章国宪之辉煌赫奕者[②]，使之健美，则彼且忘其所恃，奔欲以交靡。乱人之害，亦酷矣哉！又况许衡、虞集，以圣人之道，为沐猴之冠，而道丧于天下，尤可哀也夫！尤可哀也夫！

又斥中国人为夷狄之伥者，如论桑维翰：

> 夫维翰起家文墨，为敬瑭书记，固唐教养之士人也[③]。何

---

① 之　底本脱，据《读通鉴论》（p.1096）补。
② 奕　底本作"弈"，据《读通鉴论》（p.1097）改。
③ 士人　底本作"人士"，据《读通鉴论》（p.1133）改。

仇于李氏，而必欲灭之？何德于敬瑭，而必欲戴之为天子？敬瑭而死于从珂之手，维翰自有余地以居。敬瑭之篡已成，己抑不能为知远而相因以起。其喜祸之奸人，姑不足责；即使必欲石氏之成乎？抑可委之刘知远辈，而徐收必得之功；而力拒群言，决意以戴异族为君父也，吾不知其何心！终始重贵之廷，唯以曲媚契丹为一定不迁之策，使重贵糜天下以奉契丹[①]，民财竭，民心解，帝昺厓山之祸，势所固然。毁夷夏之大防，为万世患，不仅重贵缧系，客死穷庐而已也。论者乃以亡国之罪，归之延广，不亦诬乎？延广之不胜，特不幸耳。即其智小谋强，可用为咎，亦仅倾枭掠鸡徼幸之宗社，非有损于尧封禹甸之中原也。义问已昭，虽败犹荣，石氏之存亡，恶足论哉！正名义于夷狄者[②]，延广也；事虽逆而名正者，安重荣也；存中国以授于宋者，刘知远也。于当日之俦辈而有取焉[③]，则此三人可录也。自有生民以来，覆载不容之罪，维翰当之。胡文定传《春秋》，而亟称其功，殆为秦桧之嚆矢欤！

他对于夷狄之本身，也是深恶而痛绝的。他说："异类者，欺

---

① 糜　底本作"靡"，据《读通鉴论》（p.1133）改。
② 夷狄　《读通鉴论》（p.1134）作"中夏"。
③ 俦辈　底本作"铸笔（笔）"，据《读通鉴论》（p.1134）改。

之而不为不信，杀之而不为不仁，夺之而不为不义也。"又以天下之罪人分为三等，而以桑维翰之献身夷狄者为罪最深："谋国而贻天下之大患，斯为天下之罪人，而有差等焉：祸在一时之天下，则一时之罪人，卢杞是也；祸及一代，则一代之罪人，李林甫是也；祸及万世，则万世之罪人，自生民以来，唯桑维翰当之！"

他那种能借古事抒现实的怒愤，足以传之不朽的。但其空泛足以导读者入于玄说空谈一路，而于史学少帮助，仍是他的缺点。

论史实者，尚有一种是用韵文的形式来表达的，最早为左思的《咏史》诗，但其内容却并非完全议论史事，不过借用一二史实来作自己抒情、议论的帮助，比上述的用散文以论史的更为空泛。兹举一首作例：

荆轲饮燕市，酒酣气益震①，哀歌和渐离，谓若傍无人。虽无壮士节，与此亦殊伦，高眄邈四海，豪右何足陈。贵者虽自贵，视之若埃尘，贱者虽自贱，重之若千钧。

其后杜甫、王安石、元好问等，均有咏史之诗。但诗是抒发感情的最佳形式，用以发抒议论，已感不能流畅。所以虽以大诗人杜甫的手笔，仍不能以此出名，所作的作品，也少有精彩的。

---

① 酒　底本作"洒"，据《先秦汉魏晋南北朝诗》（p.733）改。

如杜甫的《咏怀古迹》五首中的咏诸葛武侯一首：

> 诸葛大名垂宇宙，宗臣遗像肃清高。三分割据纡筹策，
> 万古云霄一羽毛。伯仲之间见伊、吕，指挥若定失萧、曹。
> 运移汉祚终难复，志决身歼军务劳。

此种史诗，实不当于"论"字，只不过是随笔吟咏；较之王夫之的《读通鉴论》，自是不及万一，较之论史体的文章，其价值又不可同日而语了。

注史与论史虽非史学上的本支，而于史学的关系甚大。如果说史学是一只船①，那么注史与论史的工作，正是船上的帆和舵呢。

---

① 说　底本作"是"，据文意改。

第二章 ○

史学之前瞻

我国以往的史书，尤其是正史，无论何家何体，总不离贵族性，读者只是一般智识阶级与贵族阶级，这是一个极大的缺点。当然在专制君主政体之环境下，史书往往会有这种趋向。"孔子成《春秋》而乱臣贼子惧"，足见《春秋》之读者是一般贵族及有权威的人。《史记》"藏诸名山，传与其人"，也只供少数人阅读。司马光的《资治通鉴》，其读者对象，又只限于帝王。其对象既是特殊阶级而非大众，则它的内容也就特殊化了。我们知道史书的目的决不如此偏狭；同时，也是大众的阅读品，而不是特殊一阶级的。所以其内容的取材，当注意于大众的生活情形、整个社会的演变、当时生活的状况；这些，均是极重要的材料。政治的变动，只不过是使生活受到影响的一种原因，一种背景。H. C. Thomas和 W. A. Hamn 合著的 *The Foundations of modern Civilization* 一书中曾说：

今日的种种理想，各种风俗及各种制度，皆从过去发展来的；而且只有由对过去的研究，我们才能彻底地了解今日的世界。所以我们要选择一切事实，那种事实是早已要求我们来研究——那些事实已影响于近代世界的理想、风俗及制度。至于最近的过去影响现在是较悠久的过去为甚，我们的心力的大部分将供献于百五十年过去之研究。从这目的来评论，则材料之重要莫如各种制度及各种风俗，而不寻常的及特殊的材料皆不如普通的为有价值，这是明显的事实。帝王与贵族必为平民所遗弃了。我们对于商业的种种进行，比种种武力的远征必更为注意；对于各种机械的发明，比各种外交计画亦必更为注意。总之，我们必须努力看见各种人民在各种不同的时代，如何地在生活——什么工作是他们曾完成的，他们与他们的邻族的关系怎样？以及他们对于他处的民族曾发生如何的影响？他们是怎样统治的？他们所知道的世界是什么？他们的思想怎样？以及什么变革是他们所完成的？但是在他们本身间的区区的事实，只告诉我们一点：我们必须努力在事实之下面探视，察看他们彼此相互的关系，而发现出许多源由与结果。

所以现代的史学以及前来的史学，其所研究的对象与重心，均已有所改变：决不是狭义的、单是个人的历史，而是整个社会的历史；不是单给特殊阶级阅读的历史，而是给大众阅读的历史。此其一。

我国作史书者的目的，什九为褒贬死人而作，重在死人的事迹，这也是一个极大的错误。历史的目的，固然也是可以作龟鉴之用，但是单记个人的行事，范围似嫌狭窄，不足以尽历史的功能。"《春秋》作而乱臣贼子惧"，所以乱臣贼子见《春秋》惧的原因，便因为它专记人物的行事，用"遗臭""流芳"的惩赏来使人们寒心。但依现代史学的眼光来看，这种褒贬是无关宏旨的。我们作历史的目的，是为了"生人"，为以古代的整个社会来使后人有研究的根据。H. C. Thomas 又说：

> 历史的工作是表示我们的现在的文明是如何发展的，以及各种民族对于现代的文明有什么贡献。①

这才是历史学者应着眼的地方。过去，人们对于后世之名是非常关怀的，所以魏收可以任意出售列传，袁枢因不肯曲笔而触怒了乡人（见《北史·魏收传》及《宋史·袁枢传》）。而作史者乃详于罗求一切人之行事，不遗余力；而其周遭与社会有关系的，反而忽略了。梁任公说：

---

① 底本"的"在"明"后，据文意改。

　　史家之职，惟在认取此"人格者"与其周遭情状之相互因果关系而加以说明。若夫一个个过去之古人，其位置不过与一幅之画、一座之建筑物相等，只能以彼供史之利用，而不容以史供其利用，抑甚明矣。是故以生人本位的历史代死人本位的历史，实史界改造一要义也。

此其二。

　　从前的历史，所包括的范围很大，无论政治、哲学、美术、天文、卜筮、地理、文化……无不在历史之中；所以从前作史，颇不容易。司马迁以文人而兼谙历法，所以能作《史记》。大凡博洽繁杂的，其中的缺陷即是"不精"。欲求一切擅长之人，世无什佰①。因而后世有史馆之设置，所以如此，也是为了众人可以长短相济，而无遗漏、错误。但后来之史多无志，因为"志"中所载类乎专门的知识，作史者自非万能之人，所以欲求其完备尽善，决不可能。所以前来的史学，一定得分化为专门史与普通史两种，而专门史之编制，亦须具有史学的眼光，求其演进之迹。黄宗羲《明儒学案·发凡》中，以为治儒学非他一人之事，这是极好的见解。最好须联合国中有史学兴味之学者，以一公趋的目的、公用的研究方法，各尽其专门。如言乐律，五声十二律之度数如何，

---

　　①　佰　底本作"伯"，据文意改。

乐府诗当时之歌法如何，则均可划归专门学者去研究；如古雅乐之亡与燕乐之兴以及外乐如何输入等情形，则为历史学者可以记述的。历史只重其因果演变，而其学理则有各专门人材负担，如此则无宽袍大袖的弊病，也没有博而不详的缺陷了。此其三。

我国以前的史书是主观的，而非客观的。《春秋》之"褒贬"，全凭主观。又以"为亲贤讳"，而不惜歪曲事实。如狄灭卫，《春秋》不书，乃是掩齐桓公之耻。所以孟子有"尽信书不如无书"之叹，而王安石又有"断烂朝报"之讥。以后的正史，本孔子"褒贬""微言大义"的宗旨，而全凭主观，判析是非。如此一来，历史的事实已掺入了作者主观的见解，则此"史料"便非完全真实的史料了。欧阳修的《新五代史》、朱熹的《通鉴纲目》，均是这类作品的代表。郑樵《通志序》中说：

> 史册以详文该事，善恶已章，无待美刺①。读萧、曹之行事，岂不知其忠良？见莽、卓之所为，岂不知其凶逆？……而当职之人，不知留意于宪章，徒相尚于言语，正犹当家之妇，不事饔飧，专鼓唇舌。

此论可说是切中主观记史的弊病。史学者的责任，只是求"真"，

---

① 刺 底本作"剌"，据《通志二十略》（p.4）改。

将真的事实报告给大众，不必由他下主观的批评。一切的批评与研究的结果，自在读者的脑中。犹之前人作记述文，在事实说完之后，必继以一段"论曰"。实在事实之真相如何，刺激读者的脑子之后，发生什么反应，读者自己会知道，不必画蛇添足地再附议论的。

但是历史虽然可以正当地称为一种"科学"，而永远不会是一个真正的科学，像物理学、化学一样。历史正如其他的社会科学一样涉及于人事，而人事永远是一个易变的因子。化学家或是物理家，能在博大的范围中采定种种条件去适合于他自己，又能为他的种种试验抽到一种理想的环境。而历史家却不如此，他不能再创造过去的，因此他的许多假设必定比自然科学家的假设是更实验的。所以与其使史学倾向于主观，毋宁使它成为呆板的一种科学。此其四。

过去的史书，大抵注重于文辞，以为可以"因文而见道"。《史记》便是很适当的一个例子；《五代史》又是适当的一个例子；"行文必《尚书》，出语皆《左传》"之《北周书》，又是很适当的一个例子。重文辞，便易歪曲事实，如《黄氏日钞》所载苏子由《古史》改《史记·樗里子传》文一条，便可知道牵就文章的史书是如何的无聊。H. C. Thomas 又说：

有的人说，历史只不过是文学的一种形式……历史原是

文学的一个最重要的支干。但是倘使读历史是专为它的具有
文学性，那么，大家去读文学好了。

历史与文学是有密切的关系的，许多自传和自叙，用文学的形式
来作史，那固然是很好的；但专重文辞而略于事实，这是极大的
谬误。当前的史学，与其因求具有文学性而失实，毋宁质而求真。
以前严复曾请教吴汝纶关于译书的方法，吴氏以为"与其不雅，
毋宁失真"。那是一种要不得的见解。此其五。

　　古代史书所记的事迹，常专重于每一事迹的起讫，而不及言
及此事迹的发生与他事实的影响。历史的研究，纵的方面固然有
关系，横的方面也不可忽略。所以著史者应注意于事与事之间的
关系。纪事本末体曾弥补这种缺点，以事实的单位，而述其间的
关系的一部分，尚嫌太略。如梁任公以为："汉攘匈奴与西罗马之
灭亡，及欧洲现代诸国家之建设有关。""刘、项之争，与中亚细
亚及印度诸国之兴亡有关，而影响及于希腊人之东陆领土。"将来
的史学，当力注意于事与事之间的关系。此其六。

　　我国旧史常常提及神明上之因果报应，而少及于事实的原因
与结果，这也是一大缺陷；而历史之要义却在阐明事实之因果。
梁任公说：

　　　说明事实之原因、结果，为史家诸种职责中之最重要者，

近世治斯学之人，多能言之。虽然，兹事未易言也。宇宙之因果律，往往为复的而非单的，为曲的而非直的，为隔的伏的，而非连的显的，故得其真也难。自然界之现象且有然，而历史现象尤甚也……不谈因果，则无量数繁赜变幻之史迹，不能寻出一系统，而整理之术穷；不谈因果，则无以为鉴往知来之资，而史学之目的消灭。故吾侪常须以炯眼观察因果关系，但其所通用之因果律，与自然科学之因果律不能同视耳……自然科学的事项，常为反复的，完成的；历史事项反是，常为一度的，不完成的……自然科学的事项，常为普遍的；历史事项反是，常为个性的……自然科学的事项，为超时间、空间的；历史事项反是，恒以时间、空间关系为主要基件。

又说：

吾以为历史之一大秘密，乃在一个人之个性何以能扩充为一时代一集团之共性？与夫一时代一集团之共性何以能寄现于一个人之个性？……史家最要之职务，在觑出此社会心理之实体，观其若何而蕴积，若何而发动，若何而变化，而更精察夫个人心理之所以作成之、表出之者，其道何由。能致力于此，则史的因果之秘藏，其可以明视矣……治史者研究因果之态度及程序：

（1）当画出一"史迹集团"以为研究范围。

（2）集团分子之整理与其集团实体之把捉。

（3）常注意于集团外之研究。

（4）认取各该史迹集团之"人格者"。

（5）精研一史迹之心的基件[①]。

（6）精研一史迹之物的基件。

（7）量度心、物两方面可能性之极限。

（8）观察所录。

——详见《中国历史研究法》第六章"史迹之论次"

研究历史而能注意于原因和结果，则已往的事迹可以很具体地出现于读者之前。我们对于一件史事必先要探问"何故"（Why）、"如何"（How），我们又一定要探问"什么"（What）与"何时"（When），不仅单举出一件事实的起讫而已。此其七。

总之，我们对于历史，应当注重于整个历史的演变之情形。每一史学者对于史事之叙述，应注意于下面的几项：

（1）经济的（Economic）。人们如何组织他的生活及如

---

① 迹　底本作"学"；基　底本作"条"，据《中国历史研究法》（p.128）改。

何聚集财富？

（2）政治的（Political）。人们在各种不同的时代政治下是如何生活的？

（3）智识的（Intellectual）。人们所知道的思想及一切。

（4）社会的（Social）。人们对于他的同类的关系。

这四种，非加以注意不可，将这四种的源流与实情加以叙述，这才是当前史学者所最重要的任务。

同时，史学的进步，在现在与旧史学不同的有很显著的两点：

（1）客观之资料的整理。因为时代不同，从前史学者所持为资料的，现在或已不能相信，甚至不能承认其有史料的价值。例如《古文尚书》，前人多据为史料，今则已发现其伪，不足以为古史之佐证了。有的从前不以为是史料，而现代重新估价，认为乃是重要的史料的。如石器之足以考据古代社会人民之生活情形，古物的足以证明古代的文物，而从前只不过当作一种骨董，并不承认此为重要的史料。同时以前已承认之史迹，再重加以考订，使史学通于"真"。

（2）主观的观念之革新。以历史的真义为人类活动的再现，以历史为全社会活动的缩影，以历史为人类生活之记录：这是近代史学的进化。于是以前以历史为但记个人的，但记一事的，藏之名山而传于其人的文学事业——这许多意见已被丢弃了。同时历史的工作，将来应分化为许多专门的工作，或者将由若干专家来合作研究，这是必然的趋势。

因此研究史学是非常繁重的工作，具备各方面的常识，才能去研究。如考古学者挖掘地层，获得古代埃及人（古远的人）之骨格、器具、兵械及用物。人种学者即利用考古学者的材料，去研究非洲林莽中的现存的土人及南海岛民，而南海岛民已为世界落伍的民族，今日尚保存着原始的状态，这很足以使我们了解生于数千年前无文字记载的人民是如何生活的。心理学者使我们知道我们的脑怎样在工作。社会学者使我们知道一个人的动作如何与他人发生关系，又使我们多方地了解人类的许多过去的活动。自然科学者如天文家、地理学家、物理学家、化学家、生物学家，教给我们许多关于宇宙、地球及一切的智识。因此，也可以说"史学是一种综合的社会科学"。这句话大概没有什么不妥当吧。

本次整理征引文献

阮元校刻:《十三经注疏》,中华书局 2009 年版。

陆德明撰,吴承仕疏证,张力伟点校:《经典释文序录疏证》,中华书局 2008 年版。

司马迁撰,裴骃集解,司马贞索隐,张守节正义:《史记》,中华书局 1982 年版。

班固撰,颜师古注:《汉书》,中华书局 1962 年版。

范晔撰,李贤等注:《后汉书》,中华书局 1965 年版。

陈寿撰,裴松之注,陈乃乾点校:《三国志》,中华书局 1982 年版。

房玄龄等:《晋书》,中华书局 1974 年版。

沈约:《宋书》,中华书局 1974 年版。

姚思廉:《梁书》,中华书局 1973 年版。

魏收:《魏书》,中华书局 1974 年版。

魏徵、令狐德棻:《隋书》,中华书局 1973 年版。

刘昫等:《旧唐书》,中华书局 1975 年版。

欧阳修、宋祁:《新唐书》,中华书局 1975 年版。

薛居正等:《旧五代史》,中华书局 1976 年版。

脱脱等:《宋史》,中华书局 1985 年版。

荀悦撰,张烈点校:《汉纪》,《两汉纪》,中华书局 2002 年版。

徐元诰撰,王树民、沈长云点校:《国语集解》,中华书局 2002 年版。

灌圃耐得翁:《都城纪胜》,《东京梦华录·都城纪胜·西湖老人繁胜录·梦粱录·武林旧事》,中国商业出版社 1982 年版。

王明清撰,田松青校点:《挥麈录》,上海古籍出版社 2012 年版。

王士禛撰,宫晓卫点校:《香祖笔记》,袁世硕主编:《王士禛全集》第 6 册,齐鲁书社 2007 年版。

郑樵撰,王树民点校:《通志二十略》,中华书局 1995 年版。

王溥:《五代会要》,中华书局 1998 年版。

马端临撰,上海师范大学古籍研究所、华东师范大学古籍研究所点校:《文献通考》,中华书局 2011 年版。

晁公武撰,孙猛校证:《郡斋读书志校证》,上海古籍出版社 1990 年版。

陈振孙撰,徐小蛮、顾美华点校:《直斋书录解题》,上海古籍出版社 1987 年版。

王应麟撰，武秀成、赵庶洋校证:《玉海艺文校证》，凤凰出版社 2013 年版。

纪昀等撰，四库全书研究所整理:《钦定四库全书总目》，中华书局 1997 年版。

永瑢等:《四库全书简明目录》，上海科学技术文献出版社 2016 年版。

阮元撰，傅以礼重编:《四库未收书目提要》，商务印书馆 1955 年版。

潘祖荫:《攀古楼彝器款识》，顾廷龙主编:《续修四库全书》第 903 册，上海古籍出版社 1996 年版。

刘知幾撰，浦起龙通释:《史通》，上海古籍出版社 2015 年版。

章学诚撰，叶瑛校注:《文史通义校注》，中华书局 1985 年版。

章学诚撰，仓修良编注:《文史通义新编新注》，商务印书馆 2017 年版。

王夫之撰,《船山全书》编辑委员会编校:《读通鉴论》,《船山全书》第 10 册，岳麓书社 2011 年版。

杭世骏:《诸史然疑》,《唐石经考正（及其他一种）》，王云五主编:《丛书集成初编》第 132 册，商务印书馆 1936 年版。

王鸣盛撰，王永平、张连生、孙显军、陈文和校点:《十七史商榷》，陈文和主编:《嘉定王鸣盛全集》第4—6册，中华书局2010年版。

赵翼撰，王树民校证:《廿二史劄记校证》，中华书局2013年版。

钱大昕撰，张连生、陈文和、孙开萍、孙永如点校:《廿二史考异》，陈文和主编:《嘉定钱大昕全集》第2—3册，凤凰出版社2016年版。

洪迈撰，孔凡礼点校:《容斋随笔》，中华书局2005年版。

王应麟撰，翁元圻辑注，孙通海点校:《困学纪闻注》，中华书局2016年版。

杨慎撰，丰家骅校证:《丹铅总录校证》，中华书局2019年版。

顾炎武撰，黄汝成集释，栾保群、吕宗力点校:《日知录集释》，上海古籍出版社2006年版。

全祖望:《经史问答》，清乾隆三十年（1765）刻本。

赵翼撰，栾保群点校:《陔余丛考》，中华书局2019年版。

钱大昕撰，孙显军、陈文和点校:《十驾斋养新录》，陈文和主编:《嘉定钱大昕全集》第1册，凤凰出版社2016年版。

章太炎:《国故论衡》，商务印书馆2017年版。

梁启超著，汤志钧导读:《中国历史研究法》，上海古籍出版社 2011 年版。

柳诒徵:《中国文化史》,北京师范大学出版社 2016 年版。

郭沫若:《中国古代社会研究》,《民国丛书》第 1 编第 76 册,上海书店 1989 年版。

柴德赓:《史籍举要》,商务印书馆 2015 年版。

白寿彝总主编:《中国通史》,上海人民出版社 2015 年版。

王先慎撰,锺哲点校:《韩非子集解》,中华书局 1998 年版。

逯钦立辑校:《先秦汉魏晋南北朝诗》,中华书局 1983 年版。

曾枣庄、刘琳主编:《全宋文》,上海辞书出版社、安徽教育出版社 2006 年版。

王若虚著,胡传志、李定乾校注:《滹南遗老集校注》,辽海出版社 2006 年版。

周伟民等点校:《丘濬集》第 1 册,海南出版社 2006 年版。

王圻:《王侍御类稿》,明万历间刻本。

汪中著,李金松校笺:《述学校笺》,中华书局 2014 年版。

谢维扬、房鑫亮主编:《王国维全集》,浙江教育出版社、广东教育出版社 2010 年版。

陈寅恪:《金明馆丛稿二编》,生活·读书·新知三联书店 2001 年版。

清华大学国学研究院主编,罗艳春、姚果源选编:《姚名达文存》,江苏人民出版社 2012 年版。